CEU–ETC Joint Seminar

RURAL TOURISM: A Solution for Employment, Local Development and Environment

Séminaire conjoint CEU–CET

LE TOURISME RURAL : Une solution pour l'emploi, le développement local et l'environnement

RURAL TOURISM: A Solution for Employment, Local Development and Environment

ISBN 92-844-0218-2

Published by the World Tourism Organization

Printed by the World Tourism Organization
Madrid, Spain

Dedicated to the memory of the late Yair Engel, son of Joseph (Jocha) Engel from Kibbutz Ramat Rachel, one of the organizers of the seminar and the rural tourism tour that followed. Yair was a countryside youth, drawn to the sea by his love of nature, where he died last year in a diving accident.

PROGRAMME – TABLE OF CONTENTS   Page

* CEU: WTO Regional Commission for Europe
** ETC: European Travel Commission

PROGRAMME – TABLE DE MATIERES   Page

* CEU : Commission régionale de 1'OMT pour l'Europe
** CET : Commission européenne de tourisme

FOREWORD

Europe's rural areas, a consequence of the great forest clearances of bygone days, are both a human creation and an ecological reality.

However, for several decades, all over Europe though at different rates, rural areas are undergoing profound socio-economic changes and losing their predominantly agricultural character.

These changes are not without significance for rural tourism, which many believe is the key to future sustainable development of Europe's countryside.

The variety of Europe's rural space and the network of natural regions, each with its own characteristics, have led to diverse forms of tourism development reflecting the landscape, culture and traditions of the area concerned.

Space, people, products. These are—in the words of Ms Suzanne Thibal, General Rapporteur of this Seminar—the main components of rural tourism today. This tourism is based upon the joint efforts of many partners, whose solidarity is a vital component of sustainable local development.

Rural tourism is not only a way to combat overdevelopment of cities or coasts. It is rather an essential means of achieving balanced development and of maintaining, protecting and, often, enhancing Europe's rural heritage, our patrimony.

Europe's rural tourism is an example to the world. Countries such as Austria, France, Italy and Switzerland, who were pioneers in the field, have already much to show. The purpose of this Seminar, organized by WTO jointly with the Government of Israel and the European Travel Commission, was to promote an exchange of experience on this subject between member countries, including in particular, those for whom rural tourism presents a new challenge.

WTO's European Members welcome the increasing interest shown by public authorities and by other international organizations in the development of rural tourism. They are convinced that tourism, notably through its positive effects on employment, is an important contributor to value-added of a whole range of activities (be they economic, social or cultural) in any rural area where it is being developed sustainably.

Madrid, September 1997

INTRODUCTION

We were more than happy to host the CEU-ETC Joint Seminar on Rural Tourism in Israel because we felt that a country like ours, born out of the philosophy of the return of the people to land and agricultural-based activities, which has afterwards grown into agriculturally-based industries and finally into hi-tech, has, nevertheless, a lot to learn from our colleagues in Europe in the field of rural tourism.

In the last five years, rural tourism facilities, activities, and marketing have received an enormous impulse in Israel and it was very important for us to share our experience both with the people from the countries in Europe that "invented" rural tourism and with the people from the European countries where this ecologically-respectful tourism endeavor is only in its beginnings, and to afford the Israeli rural tourism facilities' operators the opportunity to learn from other people's experiences and report about their own.

All the countries in Europe are affected by the exodus of farmers from countryside to town, in search of better opportunities (and especially the better educated sons of country-dwellers). Agricultural productivity is growing, but so is competition, and less and less people see their future in the fields. Rural tourism came as a solution for employment of the younger generations, as an engine for local development and as a buffer against environmental deterioration. No other industry is more environment-friendly than tourism, when managed in a sustainable way. As in Israel we conducted carrying capacity studies for rural tourism facilities, we thought that this can be of value for other countries also.

Allow me finally to commend both the WTO Regional Commission for Europe and the European Travel Commission for this joint seminar, and for the publication of this report. We already know that the Latin American countries are very interested in this subject, and we hope that cooperation within WTO in this matter can be explored. May this report on the seminar be useful towards that possibility.

We were proud and happy to be the CEU-ETC hosts last year. We are proud of our rural tourism achievements, and we are happy this report sees the light now.

Mordechai Benari
Israel's Permanent Representative to WTO

MR. WALTER LEU,
EXECUTIVE DIRECTOR OF ETC

Mr. Chairman,

Mr. Deputy Secretary-General,

Ladies and gentlemen,

On behalf of the European Travel Commission—I have been in office now for five months as its Director—it is for me, of course, a wonderful opportunity first of all to come to Israel. It is four years ago that I last had the chance to be here and I had a wonderful time. Really, when I was here, there was just one wish: to come back. Unfortunately it took me four years to come back, but better four years than never. So I am very thankful and grateful to the host country and to WTO that they have organized this really important seminar about rural tourism here in this great country.

And I am also grateful to WTO that they are continuously organizing such seminars because that gives the European Travel Commission, which is a promotional body, the possibility to follow also the overall policy and politics of tourism worldwide in Europe and in the various areas: of tho world.

It is also very important if you want to make a successful promotion that you know something about the various markets and that is the first and most important task, first to enquire what is going on in the markets with their history, their culture, their heritage, their way of living and so forth, before you start to promote your own country.

I think Switzerland once had quite a good slogan, Prof. Keller knows it very well, we said that: "Switzerland, the most beautiful country in the world, after your own". I think that is basic, it is always your own country which is and must be the most beautiful one.

Well, today, I can follow the rule which was set several hundred years ago by the Reformer Martin Luther. He said : "if you want to deliver a good speech, think of three things: first of all, find a good opening remark; secondly, you have to say a good final sentence and, then, most important of all, try to put these two things very close together".

Since I was given the chance to have the floor twice today, this morning wearing the hat of Switzerland and this afternoon wearing the hat of Europe, I can conclude now and thank you very much for your hospitality. Thank you.

M. WALTER LEU
DIRECTEUR EXECUTIF DE LA CET

Monsieur le Président,

Monsieur le Secrétaire général adjoint,

Mesdames et messieurs,

Au nom de la Commission européenne de tourisme dont je suis Directeur depuis maintenant cinq mois, ce séminaire est évidemment pour moi avant tout une merveilleuse occasion de me retrouver en Israël. La dernière fois, c'était il y a quatre ans et ce fut très agréable. A vrai dire, à l'époque, je ne souhaitais qu'une chose : revenir ici. Malheureusement, il m'a fallu quatre ans avant de revenir, mais mieux vaut revenir au bout de quatre ans que jamais. Aussi je me félicite que le pays hôte et l'OMT aient organisé ici ce séminaire vraiment important sur le tourisme rural et je les en remercie.

Je suis aussi reconnaissant à l'OMT d'organiser continuellement des séminaires de ce genre parce qu'ils donnent à la Commission européenne de tourisme, organisme de promotion, la possibilité de suivre également la politique d'ensemble du tourisme mise en oeuvre partout, en Europe et dans les différentes régions du monde.

Il est très important, si on veut que la promotion soit couronnée de succès, de connaître les divers marchés. Il faut d'abord d'enquérir de leur histoire, de leur culture, de leur patrimoine, de leur mode de vie, etc., avant de se lancer dans une campagne de promotion de son propre pays.

A mon avis, la Suisse a eu jadis un très bon slogan le Prof. Keller s'en souviendra parfaitement ; nous disions : "La Suisse, le plus beau pays du monde après le vôtre". Je crois que c'est élémentaire : pour quiconque, c'est toujours son propre pays qui est et doit être le plus beau.

Aujourd'hui, je mettrai en pratique une règle vieille de plusieurs siècles puisqu'elle fut fixée par le réformateur Martin Luther qui disait : "Si vous voulez faire un bon discours, pensez à trois choses : en premier lieu, à trouver une bonne réflexion pour commencer ; en deuxième lieu, à avoir une bonne phrase pour terminer et, en troisième lieu, c'est le plus important de tout, à essayer de mettre ensemble ces deux choses en les rapprochant l'une de l'autre".

Maintenant, comme j'ai eu la chance d'avoir deux fois la parole aujourd'hui, ce matin en tant que représentant de la Suisse et cet après-midi avec la casquette de l'Europe, je termine là en vous remerciant vivement de votre accueil. Merci.

MR. FRANCESCO FRANGIALLI,
DEPUTY SECRETARY-GENERAL OF WTO

Excellencies,

Ladies and gentlemen,

First of all, on behalf of WTO, I wish to thank again the Ministry of Tourism for its welcome and the people of this kibbutz for their hospitality.

I would like briefly to introduce the subject of our seminar today with four remarks.

The first remark is very simple. It is just to say that rural tourism is not a mere gadget and that ecotourism is much more than a fashion. The two concepts must not be confused or interchanged. Even though ecotourism is an important component of rural tourism, rural tourism is not limited to nature or discovery. There are two mistakes which are to be avoided:

(a) The first one is to equate leisure tourism with beach tourism, even if this kibbutz is at the seaside: and

(b) The second one is to equate accommodation with the rooms offered by hotels. That may be true in some countries, in the Seychelles or Mauritius, but it is not true when you are in a more sophisticated and developed country. In my home country France, for instance, hotels account for only some 7 per cent of capacity used for summer vacations by French residents (Mr. Bar-On who is familiar with statistics of accommodation will confirm this).

So 93 per cent of total domestic nights are spent in other types of accommodation.

This is the first fact to take into consideration .

My second remark is to say that the problem of rural tourism is not a simple one. Mrs. Thibal of EUROTER and the specialists who are with us today will explain that much better than I can.

The basic problem of rural tourism is to organize the supply side. Rural tourism consists of the joint efforts of many categories of partners, and these partners are, most of the time, weak, small and diverse. Therefore, if you want to have good rural products, you have to structure and organize supply.

What is the reason for this ? It is that if you want to have a product which can be marketed, you need to attain a "critical mass". You need to be in a position to offer a minimum number of beds, you need to create what is called in beach or mountain tourism a resort. And a resort, as Mrs. Thibal and the other specialists will tell us, may represent hundreds of beds and sometimes thousands of beds, but this minimum size is necessary in order to maximize the external benefits of the different types of accommodation and facilities. You can of course, offer leisure facilities and infrastructure, but you can justify this infrastructure only if you reach a sufficient dimension in terms of supply. And this is really the fundamental question which is at stake in the development of rural tourism.

My third remark is that Europe's rural tourism is an example to the world. Besides, rural tourism can exist only in some of the parts of the world, usually more in terms of village tourism or ecotourism than rural tourism.

Why is rural tourism so important in Europe ? Because rural areas in our continent have been settled, have been cultivated by men for long periods in history, something which in this land of Israel is more obvious than elsewhere in the world. Rural areas are very rich in monuments, villages and sites, and this constitutes the difference with the most regions of the world. This ancient tradition of the settlement of the land by the people explains why handicrafts production and folklore are part of our culture and originate in our rural areas and among our rural populations. This is the basic reason for the interest shown by the public authorities in developing rural tourism.

Rural tourism is not only a way to achieve balanced tourism development, it is not only a way to fight against overdevelopment of urban or coastal tourism. It is also a means to maintain, to protect and sometimes to enhance that which comes from the past, that is our heritage, our patrimony.

If you have this in mind, you will understand why governments and local authorities in Europe pay so much attention to the development of rural tourism. You can see the interest shown by the Council of Europe, by the European Parliament, by the World Tourism Organization, and you may also know that inside the European Union, a lot of money coming from so-called structural funds is devoted to rural tourism especially under the Programme 5.B.

My last remark will be to say that, in organizing this seminar jointly with the Government of Israel and the European Travel Commission, I feel that WTO is really close to its fundamental mission. Our aim, as an intergovernmental organization, is to facilitate the exchange of experience between our member countries. In Europe, especially in the western part of Europe, WTO has accumulated substantial expertise concerning this form of tourism development. Countries such as Austria, Switzerland, Ireland, France, UK, have much to show and to offer and some of this will be presented today. This veritable wealth of experience will be very important for countries in Central or Eastern Europe, or in Central Asia for instance, which are now starting to develop rural tourism .

You may know that in our Regional Commission for Europe we have 35 member countries. Many have really valuable experience in rural tourism and they are ready to exchange this with the others and to share their knowledge. If we achieve this aim, I think WTO will have performed a useful task. That is the aim of this Seminar today.

Thank you Mr. Chairman

M. FRANCESCO FRANGIALLI,
SECRETAIRE GENERAL ADJOINT DE L'OMT

Excellences,

Mesdames et messieurs,

Je voudrais tout d'abord, au nom de l'OMT, renouveler mes remerciements au Ministère du tourisme d'Israël pour son accueil et aux responsables de ce kibbutz pour leur hospitalité.

Permettez-moi de présenter brièvement le sujet de notre séminaire aujourd'hui au moyen de quatre observations.

Mon premier constat est très simple. Je voudrais souligner que le tourisme rural n'est pas un simple gadget, et que l'écotourisme est beaucoup plus qu'une mode passagère. Il convient donc ni de confondre, ni d'interchanger ces deux concepts. Même si l'écotourisme constitue une composante importante du tourisme rural, le tourisme rural ne se limite pas aux voyages de découverte du milieu naturel.

Il convient par ailleurs d'éviter deux erreurs :

a) la première erreur serait d'assimiler le tourisme de loisirs au tourisme de plage -même si le kibbutz, où nous sommes aujourd'hui, se trouve au bord de mer ; et

b) la deuxième erreur serait d'assimiler moyen d'hébergement et hôtellerie. Cela peut être vrai dans quelques pays -disons les îles Seychelles ou l'île Maurice- mais ce n'est pas du tout vrai dans les pays plus sophistiqués et plus développés. Dans mon propre pays, la France, par exemple, les hôtels représentent seulement 7 pour cent de la capacité utilisée par les Français pour leurs vacances d'été (M. Bar-On, ici présent, qui connaît bien les statistiques de l'hébergement, pourrait confirmer ce fait). Cela veut dire que 93 pour cent de l'ensemble des nuitées passées par les résidents de la France sont effectuées en dehors de l'hôtellerie proprement dite.

Ce sont là quelques premières clarifications pour notre discussion.

Ma deuxième observation est que la problématique du tourisme rural n'est pas simple. Mme Thibal d'EUROTER et les experts qui nous accompagnent aujourd'hui dans nos travaux peuvent vous l'expliquer beaucoup mieux que moi.

L'enjeu fondamental pour le tourisme rural c'est l'organisation de l'offre. Le tourisme rural résulte des efforts conjoints de plusieurs catégories de partenaires, et ces partenaires sont, pour la plupart du temps, faibles, petits et diversifiés. Alors, si vous voulez proposer de bons produits de tourisme rural, il est indispensable de structurer et d'organiser l'offre.

Pourquoi ? C'est que si vous cherchez à commercialiser un produit, il est indispensable d'atteindre une taille critique suffisante. Vous devez proposer un nombre minimum de places ou de lits afin de parvenir à créer, ce qu'on appelle en terme tourisme de plage ou de montagne, une station. Et comme Mme Thibal et les autres spécialistes peuvent nous le dire, une station doit représenter des centaines et parfois même de milliers de places-lits. Car cette taille minimum est indispensable afin de maximiser les avantages externes des différents types d'hébergement et de services. C'est à cette condition que vous pouvez proposer des facilités et des infrastructures de loisir, lesquelles se justifient et ne se rentabilisent que si vous êtes en mesure d'atteindre une dimension suffisante en termes d'offre d'hébergement. C'est là une considération fondamentale à garder à l'esprit pour le développement du tourisme rural.

Ma troisième observation c'est que le tourisme rural en Europe constitue un exemple pour le monde. Aujourd'hui, dans certaines régions du monde, il faut plutôt penser en terme de tourisme de village ou d'écotourisme que de tourisme rural proprement dit.

Pourquoi le tourisme rural est-il tellement important et spécifique à l'Europe ? Parce que les zones rurales de notre continent ont été occupées et cultivées par l'homme au cours de longues périodes de l'histoire. Cette donnée historique est peut-être plus évidente encore dans cette terre d'Israël que dans d'autres régions d'Europe. Les zones rurales européennes sont très riches en monuments, villages et sites, et ceci marque la différence par rapport à d'autres régions du monde. Cette tradition millénaire de l'occupation de la terre par les peuples explique pourquoi la production artisanale et le folklore font partie de notre culture occidentale et trouvent leurs origines dans les campagnes, parmi nos populations rurales. C'est là une raison fondamentale de l'intérêt manifesté par les pouvoirs publics des pays européens pour le développement du tourisme rural.

Le tourisme rural n'est donc pas seulement un enjeu permettant d'atteindre un développement touristique équilibré et de lutter contre le surdéveloppement du tourisme urbain ou côtier. Il constitue également une orientation nécessaire afin de maintenir, de protéger et de mettre en valeur tout ce qui vient de notre passé, et qui constitue notre patrimoine.

Avec cette idée à l'esprit, vous verrez pourquoi les gouvernements et les municipalités en Europe consacrent tant d'attention au tourisme rural ¡ vous comprendrez l'intérêt manifesté par le Conseil d'Europe, par le Parlement européen, par l'Organisation mondiale du tourisme et pourquoi, au sein de l'Union européenne, tant d'argent en provenance des fonds structurels est consacré au développement du tourisme rural, notamment sous le programme 5.b)

Ma dernière observation est pour vous dire qu'en organisant ce séminaire conjointement avec le Gouvernement d'Israël et la Commission européenne de tourisme, je suis persuadé que l'OMT reste fidèle à sa mission fondamentale. Notre but, en tant qu'organisation intergouvernementale, est de faciliter les échanges d'expériences entre nos différents pays membres. En Europe, notamment dans la partie occidentale de ce continent, l'OMT a accumulé des connaissances importantes concernant cette forme de développement touristique. Des pays tels que l'Autriche, la Suisse, l'Irlande, la France et le Royaume-Uni ont beaucoup à démontrer et à proposer en matière de tourisme "vert~, et certaines de ces expériences vous seront présentées aujourd'hui. Cette richesse de connaissances peut être utile pour les pays de l'Europe centrale et de l'Est, ou pour ceux d'Asie centrale par exemple, régions qui commencent maintenant le développement de leur tourisme rural.

Comme vous le savez, la Commission régionale de l'OMT pour l'Europe est composée de 35 Etats Membres. Plusieurs d'entre eux disposent d'expériences tout à fait intéressantes en matière de tourisme rural. Ils sont prêts à les échanger et à les partager avec d'autres. Tel est le but que l'OMT s'est fixé en organisant ce séminaire.

Monsieur le modérateur, je vous remercie.

MRS. SUZANNE THIBAL
SECRETARY-GENERAL OF EUROTER
(TOURISME EN EUROPE RURALE - FRANCE)
AND GENERAL RAPPORTEUR OF THE SEMINAR

I. Rural Tourism: Products, Supply, Marketing Methods

"…Within the overall tourism economy, rural tourism can be defined as adding touristic value:

- to rustic zones, natural resources, cultural heritage, rural settlements, local traditions and country products;

- by branded products, illustrative of regional identities, catering to the needs of consumers in terms Or accommodation, restaurants, leisure activities, recreation and ancillary services;

- for the purposes of sustainable local development and as an adequate response to the leisure requirements of modern society, forming part of a new social pact between town and country"[1]

The tourism development of a rural region is based on the exploitation for tourism purposes of local natural and cultural resources; in other words, rural tourism is based upon open space; it implies an active participation of local populations in catering for tourists; it materializes through tourism products.

Space - People - Products the three keys to rural tourism:

"…*space* without people is lacking in conviviality, and space without products cannot satisfy all the requirements of tourists as consumers …"

"…*people* without space or products have little scope for receiving tourists …"

"…*products* based neither on space nor on people are short-lived and cannot generate local development…"[2]

This equation being stated, an observation is necessary: rural tourism consists of a number of operators, a range of products and a wide variety of customers. However, beyond the possible variations, most frequently and for promotional reasons the tourism output of rural areas is summarized in the generic term 'green tourism" by reference to the symbolic colour of nature, in the same way as white and blue are the traditional colours of mountain and sea.[3]

Rural tourism production results in a set of services aimed at meeting the needs and expectations of visitors and tourists with respect to:

1 cf. "pour une signalétique européene harmonisée dans le domaine du tourisme rural - analyse des circuits d'information, de distribution et de vente" (Euroter) - European Union - DG XXIII - 1992

2 cf. "le tourisme rural en Europe" (S. Thibal) - Council of Europe - 1988

3 See WTO Seminar on New Forms of Demand, New Products - Cyprus -1991

- accommodation (in private homes, on the farm or in the village - rural hotels - camping sites - holiday villages ...) and catering (guest-houses farmhouse inns - rural inns - gastronomic restaurants);

- open air sports and activities (rambling - cycling - horseback riding, fishing - hunting - tennis - golf - swimming - sailing - canoeing - hang-gliding - cross-country skiing ...);

- local cultural activities (eco-museums - popular traditions - cultural itineraries - sites and monuments - visits to farms and craft centres), spiritual or leisure oriented (festivals and pilgrimages, cultural performances...);

- the convenience of staying in the countryside (shops and other services nearby);

- tourist information. (tourist offices, local associations and agencies)[4].

This list of facilities highlights the diversity of the components making up tourism in rural areas, but also and consequently, the potentially large number of local tourist operators both public and private who, depending on their status, vocation, motivation or aims, are involved individually or collectively in running accommodation and other facilities, in information and recreation networks, in distribution and promotional channels, in recreation initiatives or in the provision of a range of local services ...

To these two specific characteristics of rural tourism (range of products, number of operators), should be added the variety of customers.

Originally (which means several decades ago in western European countries such as Austria, France or Ireland for example) rural tourism was intended to have a social content and was aimed in the first instance at families during periods of annual paid leave. In practice, since then, the exercise of rural tourism has become diversified among various market segments and staggered both in time and space under the combined influence of an increase in supply (through the increasing account being taken of tourism in the development policies of rural areas) and an increase in demand (through changes in the habits and the expectations of tourist consumers).

Any tourist stay in the country is in reality the result of a choice of variables and the consequence of a diversified interaction between supply and demand.

Tourist supply, consisting of different sorts of products (for everyday use, for specific use or for personal enjoyment), may be offered on the market:

- by geographical association with a destination or a natural region

- by reference to a specific quality label

- by inclusion in a product range

- by identification with a special interest activity

- by promotion of an event or a notable date on the calendar...

4   Euroter "accueil touristique dans les campagnes et villages d'Europe".-1995 (available in 22 European languages)

All this while being accompanied by informative data which determine the final decision of the potential consumer (overall commercial information - price availability - reservations procedures).

This is achieved by all appropriate technical means:

- marketing and promotional documents

- information on stands at fairs and exhibitions

- awareness creation through the media and by commercial advertising

- direct persona! replies to information requests ...

Tourist demand, possibly arising from every socio-professional category near or far may equally:

- manifest itself as a spontaneous initiative or a reply to an advertisement

- be articulated directly to a local operator or be addressed to an intermediary (professional association, tourist office, agency...)

- favour either a product or a destination

- result in the selection of the place of stay according to technical or economic information or, again, on the basis of places available...

and be mediated by all appropriate technical means:

- oral or written communication

- guides and promotional literature

- telematics

- integrated reservation services...

However, in search of the optimum staggering of tourist stays in time and in space, tourist supply should collectively and at the same time:

- identify, reach, convince, satisfy and ensure the loyalty of potential customers, possibly targeted on the basis of place of residence, age, activity, motivation...

- and, specifically because of its natural diversity and wide geographical distribution, develop and adapt to ensure the quality of its ingredients (customer charters, branding, monitoring) and be professinally organized...

- only a synergetic meeting of supply and demand for tourist products will generate sustainable local development.

II. Rural Tourism and Local Development,.Environmental Protection and Public Assistance (at European, National and Regional Level)

Sustainable development is rooted simultaneously in space and time: for this reason it is basically linked to geo-physical and cultural-historic characteristics of areas undergoing development and its correct pursuit is directly governed by the degree of awareness and the desire to act of local authorities and populations.

Sustainable tourism development is linked to current global concern for ethical problems raised by the management of the earth's environment in accordance with the development needs of humanity.[5]

Certainly, the pursuit of harmonious development, balanced, integrated with the landscape and the receiving community is not, properly speaking, a new development; many reports and seminars have over the past decades (especially in France) analysed, identified or denounced the effects both positive and negative of the two models of tourism development, low density and high density, according to the degree to which they took into account the specific attributes of a site.

What is in fact new is the globalization of awareness:

- on the one hand of the scale and the increasing rapidity of negative effects resulting from disproportionate or uncontrolled development which failed to respect the carrying capacity of a site or a community.

- on the other hand of the fragility and the risk of depletion of the natural and cultural resources of our planet.

- finally, the needs newly expressed in qualitative terms by peoples both for themselves and for coming generations.

This is what was heralded by the United Nations Action Programme "Agenda 21".whose principles were adopted by over 180 governments at the Rio Earth Summit in 1992 and which concerns all sectors of human activity including tourism.[6]

European rural areas - the physical basis for sustainable tourism development created by the great forest clearances of bygone times, has become, in the course of centuries of agricultural and pastoral life, an ecological reality and a human creation:

- an ecological reality, governed by the eco-systems of its components (animal, vegetable, mineral) dynamically integrated and mutually supportive

- a human creation, essentially based on a countryside consisting of cultivated areas, grazing land and forests.

---

5   Colloquy on "Sustainable Tourism Development and Environment" Council of Europe, Programme of cooperation and assistance for Central and East European countries, 1995.

6   "Agenda 21 for the travel and tourism industry - towards environmentally sustainable development".-1995 - World Tourism Organization.

However, for several decades in the twentieth century, in all countries of Europe, although at different rates, the country.is undergoing profound socioeconomic changes and is gradually losing (or has already lost) its overwhelmingly agricultural character - which is not without consequences for the areas concerned and consequently for rural tourism.

Rural space in Europe is however characterized by a substantial network of natural regions with their own characteristics (landscape, human activities, architecture and building, habits and, customs, traditions, languages...), unique characteristics whose exploitation for tourism may lead to new development, subject to observance of the necessary constraints and limitations.

The management of the countryside for tourism is not subject to fixed methodologies; geographical, socioeconomic and cultural data as well as human potential can make an identical tourism project beneficial in one location and painful in another.

Taking account of these spatial factors. specific to a site, makes it possible to determine on the basis of an inventory of existing and potential resources to be employed:

- the overall framework of the tourism development project

- the type, capacity and location of tourist plant to be encouraged

- the kind of leisure activities to be established

- as well as the desirable limits of the development project taking account of the carrying capacity, both physical and social, of the site concerned.

Two thresholds should be taken into account in any tourism development project in a rural area:

- on the one hand, the minimum vitality threshold of the area, - a threshold below which local initiatives will be insufficient for rural tourism to induce economic recovery and a resurgence of social life.

- on the other hand, a tourism threshold that should not be exceeded to avoid degradation through crowding of natural and cultural sites, loss of quality of facilities and services by excessive tourist consumption, and a feeling among the local population of being invaded.

The natural environment and the socio-cultural supply framework are the basis of rural tourism: solid values to be sure but also fragile, - that local decision-makers, tour operators and tourists themselves, by their development projects, their activities and their behaviour have collectively the responsibility to protect so as to ensure their protection for future generations in the interest of all.

That being recalled, rural tourism in so far as it is related to the problem of sustainable development contributes specifically to the safeguard of the rural, natural and cultural; heritage; by way of example the positive results of tourism development projects may involve:

- maintenance of byways and footpaths - weeding of riverbanks, clearing springs and streams - restoration of old footbridges and the construction of footways and picnic sites - waymarking and signposting observation points of flora and fauna - restoration of landscape by the reconstruction of drystone walls, consolidation of terracing in hilly areas and replanting woodland, etc.

- or again, renewing the cultivation of local species of plants and fruits, the promotion of local products and recipes, revival of old handicrafts, rehabilitation of rural stone or brick housing, thatching, restoration of the vernacular heritage, transcription of tales and legends, organization of local events based on festivals and folklore, etc.

In numerous European regions these initiatives of maintenance and preservation of the natural and cultural rural heritage are generally the result of private initiative, whether individual or collective.

That is another specific characteristic of rural tourism: the significant involvement of the private sector in its operations with however, the collective good in mind, going beyond the economic logic of tourist production.

Nevertheless, in spite of voluntary help, these operations cost money and the~ cannot therefore be undertaken successfully without public financial assistance.

This *public assistance to rural tourism* varies between regions of the same country and increasingly so as we consider different countries within rural Europe; it is an illustration of the application of the principle of subsidiarity according to which local policies of spatial planning and economic development are, in the first instance, a matter for the local authorities directly concerned.

However, beyond the specific regional financial provision for local tourism development, procedures at national or Community level may offer access to public funds from the State or the European Union complementing local finance.

Coordinated procedures between various levels of intervention result in:

- the same awareness of the urgency and the importance attached to social resurgence and economic recovery of rural Europe - notably through sustainable local tourism development.

- the collective desire to ensure optimal implementation of local development projects through the coordination of policy and the complementarity of financial support.

Public financial assistance to rural tourism, depending on its origin and rationale for granting, may:

- be applicable to accommodation, facilities, development, services, recreation, training, studies, etc.

- benefit private operators (individual or collective) as well as semi-public or public operators (municipalities, linked municipalities, public-private development corporations).

- be granted according to regulations concerning a specific type of action or a specific category of beneficiaries ... through the use of a plan-contract, an overall or sectoral regional policy ... on the basis of an area tourism development plan or a programme-plan running for a number of years ...

- take the form of direct assistance (grants - subsidies - loans - interest rate reductions - underwriting - purchase of land and buildings ...) or indirect assistance to investment (guarantees - equity participation ...)

- involve various types and levels of financial instruments such as: overall regional budget (municipal, departmental, regional or national), specialized fund (sectoral or general - regional or national - ministerial interministerial or again Community in origin ...)[7]

Whatever, the origin and the volume of public assistance granted to rural tourism development it is important to measure the scope - that is to say the justification - by evaluating results achieved compared with results expected. This is the task of various steering, evaluation or monitoring committees, generally envisaged as part of the procedure of awarding public funds.

In the case of specific rural tourism policies and regional frameworks for local tourism development, evaluation will focus in particular on the tangible effects of tourism upon employment, - a significant parameter of the authentic economic resurgence which tourism development was designed to promote.

But, apart from this economic approach, employment created through development will reveal the degree and the form of the local population's active participation in tourist services and activities and, by extension, the improvement in the quality of life achieved in the rural tourism settlement.

III. Rural tourism: professions, training, qualifications and employment

In the present economic situation, any development policy should favour employment creation.

Furthermore, the development of tourist supply in a rural area manifests itself by the delivery of various services, provided by a variety of tourist suppliers and intended for customers with a variety of expectations - all within an overall quality framework.

Accordingly, the positive effects of an improvement in employment through rural tourism should translate themselves:

- directly on an economic level:

- by the maintenance of existing jobs, through the contribution of additional earnings as a result of seasonal tourism activity;

- and by the creation of new jobs generated by the provision of facilities and services to cater for tourists;

indirectly on a social level:

- by creating awareness throughout the rural area of the local cohesion resulting from the overall tourism development project;

- by encouraging rural inhabitants to take individual initiatives for tourism:

---

7   Euroter Study "Analyse comparative sur l'affectation des credits communautaires, en faveur du tourisme rural, entre quatre pays europeens: Allemagne - Espagne - France et Royaume-Uni" -1993 - French Ministry of Agriculture

- by mobilizing the local population to undertake voluntary activities m favour of tourism in the general local interest.

Training and second jobs play fundamental roles in achieving these economic and social goals.

Second jobs potentially concern all rural inhabitants (farmers - shopkeepers, artisans - salaried workers in businesses or municipalities) whose principal activity is insufficiently lucrative or is only exercised on a part-time basis.

Governments and regions have adopted regulations determining the social and tax framework of second jobs in rural areas, - second jobs generally involve the provision of services for tourists.

So far as *training in rural tourism* is concerned, this term covers various initiatives aimed at different groups and utilizing diverse teaching methods.

Training in rural tourism can range from mere collective information or awareness-raising up to individual professional qualifications leading to a diploma according to the requirements for knowledge, skills and competence of the various actors involved.

Examples of training needs of local workers in the tourism industry (knowledge, skills or competence) are as follows:

- *country dwellers* who, on a private basis, manage small tourist accommodation facilities (owners of gîtes, hotels and restaurants and campsite managers) need both to be aware of tourist requirements, to develop skills in security, hygiene, accounting, management, recreation provision necessary for their tourist activity) as well as deepening their understanding of their region and its natural and cultural resources.

- *local associations* which offer and provide sports coaching in the countryside must be aware of regulations governing security and civil liability and also be aware of the negative effects on the environment of over-exploitation of a natural area for tourism.

- *staff of local information* and welcome services must know their region and its tourism resources so as to provide accurate practical information; but they also need technical and commercial knowledge to develop, advertise and promote local tourist products, without forgetting an understanding of potential tourism markets.

- *local guides and monitors* need to receive a broad training including both awareness of their region and techniques of group recreation management.

- *development agents* must be trained in creating, following, evaluating, and monitoring a tourism development project involving a number of public and private partners and a variety of initiatives.

- *directors and managers of accommodation and public facilities* must show evidence, by appropriate diplomas, of their aptitude to assume responsibility for such tourist facilities, must be able to apply their theoretical knowledge in the field and must fit in well with the local community.

- as for the *local people* in general, at the initiative of the local authority they should be associated with the development and implementation of the collective tourism development project; their participation in appropriate forms will strengthen social cohesion in the rural community by showing that private and public initiatives are mutually supportive and complementary to the tourism development project.

- *local elected officials*, with the support of municipal staff, have the responsibility of defining the overall strategy of local tourism development with an understanding of regulations, financing sources, institutions involved and the basics of sustainable development.

Evidently the means and teaching tools to accompany local tourism development will vary according to the needs to be met and the aims to be attained. However, development of a training plan for a collective development project contributes to the necessary local initiative desired and to the specialization vis-à-vis the tourism development option of those involved in the project.

Finally, under the heading of maintenance of activities and employment, the induced effects of rural tourism on business and local services, on transport, on the production and sale of agricultural products and handicrafts, etc., should be noted.

The fact is that rural tourism is potentially an important contributor to value-added of a whole range of activities, be they economic, cultural or social, in a rural area where it is being developed sustainably.

IV. Rural Tourism's Future Prospects: Cooperation, in Favour of the Contribution of This Tourist Product to Sustainable Local Development

By its nature, rural tourism encourages joint ventures, cooperation, partnership, solidarity - keywords which, when turned into action are at the heart of the sustainable development of a rural area.

"...in rural tourism, solidarity may be a matter of law, practice or objectives. It may be expressed through a network in the form of a quality label or be based on a particular area. It may bring together individuals, organizations or communities. It goes beyond sectoral interests and frontiers. It combines the public and private sectors and links town and country..."[8]

The *solidarity* which is the essence of rural tourism is not to be taken for granted; it must be based on a collective project for overall local development; it is forged through association, in appropriate legal form, of potential partners with a practical objective; it justifies co-financed programmes; it is exercised through joint technical tools; it takes the form of the mobilization. of the rural population with the aims of protecting their heritage or creating local recreational activities; it develops through a spatially coherent shared area; its true roots are found in the collective memory; it projects itself through awareness of our common future.

This objective of solidarity, intrinsic to local tourism development - which implies that each individual should assume his or her responsibility in relation to all and in the common interest - is in proportion to the stakes assigned to sustainable development and to the moral values which rural tourism promotes.

8   In "le tourisme rural en Europe" (cf. supra)

ANNEX

DEMONSTRATION PROJECTS FOR VILLAGE TOURISM

FOUR EXAMPLES SUGGESTED BY THE GENERAL RAPPORTEUR

Village Demonstration Projects for the Development of Rural Tourism (Database B231)

Theme

Project for integrated rural development.

Identity

LA HAMAIDE VILLAGE VIVANT, ASBL
La Hamaide
Ellezelles
Hainaut
Wallonia
Belgium

SITUATION

- Area of low relief, altitude varying from 10 to 150 m., rising over Belgium's vast coastal plain the "Hill Country".
- La Hamaide, population 510, essentially an agricultural village.
- 1974: the threat of closure of the village school becomes the signal for the beginning of conservation and renewal.
- Since then there has been a continuous effort to put the "La Hamaide - A Living Village" into effect:
  - conservation and enhancement of agrarian and rural heritage
  - development of integrated educational tourism
  - adult education through these activities.

TOURIST DEVELOPMENT PROGRAMME

Achievements

- Creation of tourist trails.
- Acquisition and development of a disused railway line as a nature trail
- Conversion of former spa into a museum.
- Improvement of the access areas of craft workshops.
- Collection and exhibition of tools in several barns. Building of lean-to shelters in the centre of the village for keeping the museum's agricultural collection.
- Development and Sitting of the former community hall as an information and economic development centre.
- Organisation of guided tours of the museum: 35-stop tour. Organisation of celebrations for seasonal and guild festivals.
- Product creation: "A Day in the Village", "Milk and Dairy Products", "from the Grain of Wheat to the Loaf of Bread" "Three Days following the Rhythm of the Seasons".

Projected

Creation of museums: woodwork, cookery, forges, archaeological dig at Egmont castle.

Improvement in tourist signage.

Production of audio-visual materials.

Organisation of theme tours.

Legal Structure

Two non-profit making associations (ASBL):

•"La Hamaide - A Living Village" which defines the content of the operation, ensures its implementation and carries out an evaluation.

•"Collectif des Collines", which acts as employer and coordinator, is responsible for information and harmonisation, and takes part in research, evaluation and training.

Active cooperation with local authorities, associations and various bodies.

Financial Structure

INVESTMENT COSTS(in BEF)	27 217 485 BEF
including:	
contributions (utensils, machines)	
to museums	15 702 700
purchase of horses	98 000
miscellaneous purchases	23 000
grants	250 342
voluntary work equivalent	10 125 000
assistance with festivities	826 000
self financed	192 443
INCOME AND EXPENDITURE ACCOUNT FOR 1989	
Receipts	1 146 585 BEF
Expenditure	989 109 BEF

PROMOTION - MARKETING

TOURIST DEVELOPMENT PROGRAMME

•Printing of posters, leaflets and programmes.
•Press conferences, participation in radio and television programmes.
•Participation in trade fairs and exhibitions.
•Active presence at events outside the area.
•Participation in other associations.
•Co-production in events, eg. "Vif-l'Express Rally".

VISITOR NUMBERS

Participants in events and tours:

1986:	7 633
1987:	4 700
1988:	7 397
1989:	6 634
1990:	8 381

International clientele varying between 1.3% and 9.5%

BENEFITS

Economic

Estimated value of economic spinoff:

1989 889 631 BF
1990 1 208 793 BF

Customer loyalty encouraged by the quality of the products: bakery, pastry, chocolates.

Social

Increased occupancy and creation of country gîtes.

Encouragement of community groups.

Young people stay on in the village.

Organisation of numerous training sessions for local people: management, catering, tourist activities.

Cultural

Motivation of local people through the associations.

Organisation of evening entertainment: brass band, theatre, plastic arts.

Contacts with foreign visitors.

Contact:
Name: Jean Pierre DUSOULIER, Coordinator
Address: Chaussée Brunehaut 21. B-7890 Ellezelles La Hamaide
Tel: 0 68 64 56 28   Fax: Country: Belgium

VILLAGE DEMONSTRATION PROJECTS
FOR THE DEVELOPMENT OF RURAL TOURISM

THEME

A pilot operation undertaken by public-private partnership.

IDENTITY

COMMUNE of TARAMUNDI Province of .Asturias Spain

SITUATION

- Taramundi is a rural municipality with a population of 1 142 (1990 census) covering an area of 82 km2, in the extreme west of the Asturias region in northern Spain.
- The municipality is made up of 4 parishes and 53 hamlets and townlands.
- A small valley in a middle altitude mountain area (650-750 m above sea level), with rivulets and mountain streams, a very particular style of rural dwellings (wood and traditional local slate), a mixed landscape including enclosed meadows, traditional crafts (woodwork and ironwork). Area suffering economic decline.
- The operation presented in the competition is the pilot operation known. as "NUCLEO DE TURISMO RURAL carried out within the framework of the Asturias regional development plan, on the basis of a national research programme set up in 198:w for the development of rural tourism. in Spain, with the assistance of the Consejo Superior de Investigaciones Científicas.
- The positive results of the Taramundi pilot operation led the Asturias regional authority to set up the Association Nucleos de Turismo Rural de Asturias (ANTUR) to which the founding body was the Taramundi semi-private development company.

TOURIST DEVELOPMENT PROGRAMME

Achievements

Projected

- Exploitation of the natural and cultural resources of the valley (landscapes, rural buildings, paths, vernacular heritage, religious traditions, chapel, pilgrimage).
- Renovation and extension of existing buildings in the village of Taramundi. buildings of:

    -a high-grade 4-star hotel (restoration of a presbytery), 12 rooms with bath and balcony, gymnasium, sauna, conference room (capacity 30 persons), restaurant, cafeteria, reading room, terrace, car park, tourist information desk, fuel pump.

    -5 holiday apartments in a traditional rural building plus 2 others in detached rural houses.

- The tourists renting these apartments will be able to use the hotel services
- The NUCLEO DE TURISMO will organise activities (hill-walking, riding, cycling, 4x4, boating). Programme of outdoor pursuits drawn up in consultation with the Municipal Council (whose members often act as guides) and linked with other village activities (crafts, dairy cooperative, retail trade).

LEGAL STRUCTURE

- Operation carried out by the Secretariat of State for Tourism, the Regional Tourism authority and the commune of Taramundi.

FINANCIAL STRUCTURE

TOTAL COST OF DEVELOPMENT	119 656 000 ESP
Accommodation 83 600 000	
Recreational and sports facilities	27 776 000
Tourism infrastructure	3 710 000
Promotion and marketing	4 150000
Training	420 000
Cost of apartments	35 000 000 ESP
Regional development company	28 390 000
Commune of Taramundi	2 700 000
Neighbouring communes	balance

Loans: 8 400 000 ESP (over 15 years)

Grants: 17 400 000 ESP (Secretariat General for Tourism)

Voluntary work over 5 years (not evaluated)

Other funding: various grants from public funds

PROMOTION - MARKETING

- Cooperation between communes (7 communes) for the purpose of tourist development in the area where Taramundi is located (the grouping of communes being a legal entity with its own budget).
- Strong media publicity for the pilot operation (printed press, radio, television).
- Wide-scale participation of the Asturias in international trade fairs and exhibitions (promotion of the Taramundi project).
- Contacts and cooperation with travel agencies and tour operators.

VISITOR NUMBERS

88% national visitors

12% foreign (mainly French)

Hotel:

Average length of stay: 1 week

Occupancy: almost 50%

Apartments and houses:

Average stay: 2 - 3 weeks

BENEFITS

Economic

- Renovation work on buildings by local contractors.
- Boost to property values.
- Creation of hotel jobs.
- Revival of rural crafts (cutlery, weaving).
- Spin-off effects on local economy (support and opening of retail outlets).

Social

- Direct involvement of local people in the capital and management of the semi-private company which operates the hotel and the apartments.
- Involvement in organising and running activities.
- Participation in various training schemes.
- support for young farmers and craft workers.

Cultural

- Safeguarding of vernacular and architectural heritage.
- Local traditions kept alive or revived

Contact:

Name: Eduardo Lastra-Perez

Address: Alcalde de Taramundi, Ayuntamiento de Taramundi, 33775 Taramundi/Asturias

Tel: (985) 63 45 01   Fax: Country: Spain

VILLAGE DEMONSTRATION PROJECTS
FOR THE DEVELOPMENT OF RURAL TOURISM

THEME

Rural tourism and ecomuseum.

SYNDICAT D'INITIATIVE DE LA COMMUNE DE MUNSHAUSEN
Canton de Clairvaux
Ardennes Luxembourgeoises L'Oesling
Grand Duchy of Luxembourg

SITUATION

- Region of wooded hills with a good variety of trees in the Northern Ardennes of Luxembourg. Munshausen, a commune with a population of 585, covers 5 centres of population.
- Well-marked paths on heights and slopes; architectural heritage and traditional rural building styles deserve interest.
- The Syndicat d'Initiative decided that an ecomuseum on the theme of Ardonne draft horses should be set up in this village, where the Saint Hubert cattle fair used to take place.

TOURIST DEVELOPMENT PROGRAMME

Achievements

1990:

- Purchase of a former farm building in the centre of the village comprising stables, byres and a barn.
- Revival of the old fair and organisation of the first Ardennes Draft Horse Day with agricultural trials and displays.

1991:

- Conversion work to adapt the building to the natural surroundings.
- Opening of information office by the Syndicat d'Initiative.

Projected

- Use of the stables and byres for breeding horses.
- Installation of a farrier's forge.
- Creation of a permanent exhibition and setting up of museum.

LEGAL STRUCTURE

Museum to be set up by the Syndicat d'Initiative (local development cooperative) with the support of the Sites and Monuments office and the Ministry of Tourism.

Operation to be carried out in cooperation with the owners of accommodation facilities and the farm association for draft horses.

FINANCIAL STRUCTURE

(in Luxembourg francs)

INVESTMENT FOR BUILDING AND MUSEUM	10 000 000 LF

Financing:

Cultural Affairs grant	2 000 000
Ministry of Tourism grant	4 000 000
Borrowing by Syndicat deinitiative	1 000 000
Voluntary contributions estimated at	2 000 000
Estimated receipts	1 000 000

Operating account: premature (1991)

PROMOTION - MARKETING

- Media coverage.
- Printing of leaflets.
- Video film.
- Information office on the spot.
- Help from the "syndicats d'initiative" representative body and National Tourist Board

VISITOR NUMBERS

Revival of village fair started in 1989

In 1989

Draft Horse Day:1 200 visitors

Saint Hubert Market:2 500 visitors

In 1990

Saint Hubert Market:4 500 visitors

75% international clientele from Germany Belgium, Netherlands.

BENEFITS

Economic

- Creation of 3 jobs - information office café, entertainment.
- Sale of local crafts and agricultural produce.

Social

- Creation of a public meeting place.
- Houses becoming more attractive in appearance.
- Active involvement of various local organisations in the fair.

Cultural

- Collective memory being built around draft horses and traditional farming.

Contact:

Name: Nico HAMEN, Président du Conseil d'Administration du Syndicat d'Initiative

Address: 10 op der Lei, L - 9746 Drauffelt

Tel: 4990 2111   Fax: Country: Luxembourg

VILLAGE DEMONSTRATION PROJECTS
FOR THE DEVELOPMENT OF RURAL TOURISM

THEME

Tourist development strategy based on a local product, apples.

IDENTITY

THE BIG APPLE ASSOCIATION
Ledbury Herefordshire
The West Midlands
England
United Kingdom

SITUATION

- Area in the heart of England with a strong agricultural tradition, relatively little frequented by tourists.
- Capacity of about 30 rooms in B&B, 2 caravan sites.
- Grouping of 7 parishes, with a total population of 1550, in 1989, year of "British Farms and Good Food", in order to accommodate visitors over 3 weekends during the apple-picking season.
- Autumn 1989: founding of The Big Apple Association - first Apple Festival.

TOURIST DEVELOPMENT PROGRAMME

Achievements

- Programme of inter-village events based on apples for the 3 weekends of the festival.
- Organisation of Open Days for visitors to farms and cider factories.
- Games and competitions, for example, the Apple Roadshow, 600 participants: contest to pick the largest variety of apples.
- Organisation of familiarisation walks in the orchards.
- Organisation of games and entertainment, songs and dances on the theme of apples.
- Campaign for the environmental protection of the orchards. Exhibitions by artists and craftworkers of drawings, paintings, basketwork.
- Promotion of local specialities based on apples - recipes and dishes .
- Tasting and sale of local produce.

Projected

To expand the festival as an annual autumn event

LEGAL STRUCTURE

Founding of an association which brings together individuals, local organisations and small businesses.

FINANCIAL STRUCTURE

Operation requiring no investment

General operating costs:

Income and expenditure account of the festival in 1989 (in GBP)

Expenditure:

maps, logo, posters and guides, general expenses	£ 1 497 01

Receipts:

grants and subsidies	£ 1 047.50
sales and miscellaneous	£ 449.51

PROMOTION - MARKETING

- Selection of an event to be highlighted for each festival. Eg: The Apple Roadshow.
- Involvement of the media, who are very willing to provide coverage.
- Publication of the programme for the three weekends and distribution by regional tourist offices
- Intensive signposting on roads in the area
- Direct selling by the individuals and businesses concerned

VISITOR NUMBERS

Approximately 1 500 visitors at each festival.

BENEFITS

Economic

- Sale of agricultural and country produce.
- Opening up of tourism which may lead to the creation of new amenities to cater for visitors.

Social

- Involvement of some of local people after earlier scepticism in the first year.
- Links and relations between the 7 parishes

Cultural

- Rediscovery of their cultural identity by the local people.
- Numerous contacts between country people and visitor.

Contact:

Name: Mrs Jackie DENMAN, Coordinator, The Big Apple

Address: The Lodge, The Twerne, Putley Ledbury, Herefordshire UR8 2RD

Tel: 0531 83 544   Fax: Country: Great Britain

MME SUZANNE THIBAL
SECRÉTAIRE GÉNÉRAL D'EUROTER
(TOURISME EN EUROPE RURALE FRANCE)
ET RAPPORTEUR GÉNÉRAL DU SÉMINAIRE.

I. LE TOURISME RURAL: les produits, le marché, les méthodes de commercialisation

"... Le tourisme rural se définit, dans l'économie globale du tourisme, comme la valorisation touristique:

des espaces agrestes, des ressources naturelles, du patrimoine culturel, du bâti rural, des traditions villageoises, des produits du terroir,

par des produits labellisés, illustratifs des identités régionales, couvrant les besoins des consommateurs en hébergement, restauration, activités de loisirs, animation et services divers,

à des fins de développement local durable et de réponse adéquate aux besoins de loisirs. dans la société moderne, dans une nouvelle solidarité sociale ville-campagne" [1]

Le développement touristique d'une région rurale se fait donc à partir de l'utilisation, à des fins touristiques, des ressources naturelles et culturelles locales; autrement dit, le tourisme rural prend appui sur l'espace; il implique une participation active des populations locales à l'accueil des touristes; il se concrétise par des produits.

Espace - Hommes - Produits: tryptique fondamental du tourisme rural:

... un espace sans hommes ne peut être porteur de convivialité, un espace sans produits ne peut répondre à l'ensemble des attentes des consommateurs touristiques...

"... des hommes sans espace ni produits n'ont qu'une faible capacité d'accueil touristique...

"... des produits ne prenant appui ni sur l'espace ni sur les hommes n'ont qu'une vie artificielle éphémère et ne peuvent engendrer de développement local..." [2]

Cette équation étant posée, un constat s'impose: le tourisme rural se caractérise par une pluralité d'opérateurs, une diversité de produits et un large éventail de clientèles. Et, cependant, par delà toutes les variantes possibles, le plus souvent et pour des besoins d'ordre promotionnel, on singularise la production touristique des zones rurales sous l'expression globale "tourisme vert", par référence à la couleur symbolique de la nature, de même que le blanc et le bleu sont porteurs d'images de la montagne et de la mer [3]

[1] cf 'pour une signalétique européenne harmonisée dans le domaine du tourisme rural - analyse des circuits d 'information, de distribution et de vente " (Euroter) - Union européenne -DG XXIII - 1992

[2] cf. "le tourisme rural en Europe" (5. Thibal) - Conseil de l'Europe - 1988

[3] réf OMT/WTO Seminar on "new forms of demand, new products"- Chypre - 1991

La *production touristique rurale* résulte d'un ensemble de prestations de nature à répondre aux besoins et attentes des visiteurs et touristes en ce qui concerne:

- l'hébergement (logement chez l'habitant à la ferme ou au village hôtellerie rurale - terrains de camping - villages de vacances...), et la restauration (tables d'hôte - fermes auberges - auberges rurales - relais gastronomiques. . .);

- les activités et loisirs de plein-air (randonnée - vélo - cheval - pêche chasse - tennis - golf - natation - voile - canoë - deltaplane - ski de fond...);

- l'animation locale, à caractère culturel (eco-musées - traditions populaires - itinéraires culturels - sites et monuments - visites de fermes et d'entreprises artisanales), spirituel ou ludique (fêtes et pèlerinages, spectacles folkloriques...);

- la commodité du séjour à la campagne (commerces et services de proximité);

- l'information touristique (offices de tourisme, associations et agences locales...). [4]

Cet énoncé de prestations met en évidence la diversité des éléments constitutifs du tourisme dans les zones rurales, mais aussi, par voie de conséquence, la pluralité potentielle des opérateurs touristiques locaux, publics et privés, qui, en fonction de leur statut, de leur vocation, de leurs motivations ou de leurs objectifs, s'impliquent, individuellement ou en partenariat, dans des opérations d'hébergement et d'équipement, dans des structures d'information ou d'animation, dans des réseaux de promotion ou de commercialisation, dans des actions d'animation, dans des services locaux variés...

A ces deux spécificités du tourisme rural (diversité de produits, pluralité d'opérateurs), s'ajoute celle de l'éventail des clientèles.

A ses origines (qui remontent à plusieurs décennies pour des pays d'Europe occidentale, tels que l'Autriche, la France ou l'Irlande, par exemple), le tourisme rural se voulait un tourisme d'approche sociale, s'adressant prioritairement à une clientèle familiale, pour un temps de loisir correspondant à la période du congé payé annuel.

D'évidence, depuis lors, la pratique du tourisme rural s'est diversifiée dans ses clientèles et étalée dans le temps et dans l'espace, sous les effets conjugués d'un accroissement de l'offre (par suite de la prise en compte progressive du tourisme dans les politiques de développement des zones rurales) et d'une augmentation de la demande (en raison des évolutions dans les comportements et les attentes des consommateurs touristiques).

Tout séjour touristique en espace rural est en fait la résultante d'un choix de variables et l'aboutissement d'une communication diversifiée, entre une offre et une demande.

L '*offre touristique*, qui rassemble des produits de natures différentes (de consommation courante, à usage concret ou pour une jouissance immatérielle), peut être présentée sur le marché:

---

4 cf. dépliant Euroter "accueil touristique dans les campagnes et villages d'Europe" (1995 - publié en 22 langues européennes)

- par rattachement géographique à une destination ou à un terroir

- - par référence à un label de qualité spécifique

- par appartenance à une filière de produits

- par singularisation d'un thème d'activité

- par promotion d'un événement ou d'une date calendaire significative...

tout en étant accompagnée des données informatives qui conditionnent la décision finale du consommateur potentiel (information commerciale globale - prix - état des disponibilités - procédé de réservation)

Et cela par tous moyens techniques appropriés:

- documents promotionnels et commerciaux

- communication sur des stands dans des foires et expositions

- sensibilisation des media et publicité commerciale

- réponses directes et personnalisées aux demandes d'information...

La demande touristique, possiblement issue de tous milieux sociaux-professionnels, proches ou lointains, peut aussi bien:

- résulter d'une démarche spontanée ou d'une réponse à une incitation

- s'exprimer directement auprès d'un opérateur local, ou s'adresser à un intermédiaire (groupement professionnel, office de tourisme, agence...)

- privilégier un produit ou une destination

- opérer une sélection de lieux de séjour en fonction de données techniques ou économiques, ou encore d'un état de disponibilités ...

et cela par tous moyens techniques appropriés:

- communication écrite et orale

- référence aux guides et documents promotionnels

- utilisation des messageries télématiques

- appel aux services de réservation intégrés...

Mais, dans une recherche d'étalement optimum des séjours touristiques, dans l'espace et dans le temps, l'offre touristique doit, à la fois et conjointement:

- identifier, atteindre, convaincre, satisfaire et fidéliser les clientèles potentielles, éventuellement ciblées par critères de localisation, d'âges, d'activités, de motivations...

- et, en raison même de sa diversité originelle et de sa diffusion spatiale, se développer et s'adapter, garantir la qualité de ses composantes (chartes, labels, contrôle), se structurer avec professionnalisme...

Seule une adéquation synergique entre l'offre et la demande des produits touristiques générera un *développement local durable*.

II. LE TOURISME RURAL ET LE DEVELOPPEMENT LOCAL, LA PROTECTION DE L'ENVIRONNEMENT ET LES AIDES PUBLIQUES (niveaux européen, national et régional).

L'interaction tourisme rural/développement local trouve désormais son fondement dans une recherche affirmée de développement durable qui implique la prise en compte simultanée de trois données:

- le concept de développement

- l'économie du tourisme

- la notion de durabilité

Ce développement durable s'inscrit, à la fois, dans l'espace et dans le temps; de ce fait, il est fondamentalement lié aux données géo-physiques et historico-culturelles de l'espace en développement et sa conduite à bonne fin est directement conditionnée par le degré de prise de conscience et la volonté de mobilisation des pouvoirs locaux et des populations locales.

Le *développement touristique durable participe de l 'actuelle interrogation mondiale sur les problèmes éthiques posés par la gestion de l 'environnement de la Terre en fonction des besoins de développement de l 'Humanité.*[5]

Certes, la recherche d'un développement harmonieux, équilibré, intégré au milieu et à la communauté d'accueil n'est pas, à proprement parler, un fait nouveau; nombre de rapports et de colloques ont, au cours des décennies passées (notamment en France) analysé, préconisé ou dénoncé, les effets, positifs et négatifs, des deux modèles de développement touristique, diffus et concentré, en fonction de leur degré de prise en compte des spécificités du milieu.

Ce qui est nouveau en fait, c'est la mondialisation d'une prise de conscience:

- d'une part de l'ampleur et de l'accélération des effets négatifs résultant d'un développement disproportionné et non maitrisé par égard à la capacité réceptive d'un site ou d'une communauté;

- d'autre part de la fragilité et du risque d'épuisement des ressources naturelles et culturelles de la Planète;

- enfin, des besoins nouvellement exprimés en termes qualitatifs par les Hommes, tant pour eux-mêmes que pour les générations à venir.

5 cf Colloque "le développement touristique durable" - Conseil de l'Europe - Programme de coopération et d'assistance avec les Pays d'Europe centrale et orientale - 1995

C'est ce qu'énonce le Programme d'action des Nations Unies "Agenda 21", qu'ont adopté dans le principe plus de 180 Gouvernements à la suite de la Conférence de Rio de 1992 et qui concerne tous les secteurs de l'activité humaine, dont le Tourisme [6].

L'*espace rural européen* — support spatial du développement touristique durable - né des grands défrichements des temps reculés, était devenu, au cours de siècles de vie agro-pastorale, une réalité écologique et une création humaine:

- réalité écologique, régie par des écosystèmes aux composantes (minéral, végétal, animal) dynamiquement intégrées et solidaires les unes des autres

- création humaine , fondée essentiellement sur un agro- système à base d'espace cultivé, d'espace pastoral et d'espace forestier.

Mais, depuis plusieurs décennies en ce vingtième siècle, dans tous les pays d'Europe, bien qu'à des rythmes différents, le milieu rural subit de profondes mutations socio-économiques et perd peu à peu (ou a déjà perdu) son caractère dominant agricole, - ce qui n'est pas sans effets pour l'espace et, par voie de conséquence, sur le tourisme rural.

L'espace rural européen se caractérise cependant encore par un large maillage de régions naturelles aux caractéristiques propres (paysages, activités humaines, bâti et habitat, us et coutumes, traditions, langues...), spécificités dont la valorisation touristique peut induire un nouveau développement, sous réserve de l'observance de contraintes et de limites dans ce développement.

L'exploitation touristique de l'espace rural ne se fait pas en terrain uniforme; les données géographiques, socio-économiques et culturelles ainsi que les potentialités humaines font qu'un projet touristique identique peut être bénéfique dans un lieu et s'avérer dolosif dans un autre.

La prise en compte de ces données spatiales, spécifiques à un lieu, permet donc de déterminer, à partir de l'inventaire des ressources existantes et potentielles utilisables:

- le cadre global du projet de développement touristique,

- la nature, le volume et l'implantation des équipements touristiques à privilégier,

- le choix des activités de loisirs à mettre en place,

- mais aussi les limites souhaitables au projet de développement, en fonction de la capacité réceptive du milieu, naturel et social, concerné.

Deux seuils sont à prendre en compte dans tout projet de développement touristique d'une zone rurale:

- d'une part, un seuil minimum de vitalité dans la zone, - seuil au-dessous duquel les forces vives locales seront trop faibles pour que le tourisme rural puisse entraîner une relance économique et une réanimation de la vie sociale;

---

6   cf. "Agenda 21 for the travel and tourism industry - towards environmentally sustainable development" (Organisation mondiale du Tourisme - OMT/WTO - 1995)

- d'autre part, un seuil de fréquentation touristique à ne pas dépasser pour éviter la dégradation par saturation des sites naturels et culturels, la perte de qualité des prestations et services par un trop-plein de consommation touristique, un sentiment de dépossession des ruraux de leur cadre de vie.

L'environnement naturel et le cadre socio-culturel d'accueil sont les fondements du tourisme rural: valeurs sûres, mais valeurs fragiles, que les décideurs locaux, les opérateurs touristiques et les touristes, par leurs projets de développement, leurs activités et leurs comportements, ont, en commun, la responsabilité de protéger, pour en assurer la perennité dans leur intérêt conjoint.

Cela étant rappelé, le tourisme rural, dès lors qu'il s'intègre dans une problématique de développement durable, contribue concrètement à la sauvegarde du patrimoine rural, naturel et culturel; à titre d'exemples, on peut évoquer les résultats positifs de projets de développement touristique comportant:

- l'entretien de chemins et sentiers de randonnée - le débroussaillage de rivières - le dégagement de sources et ruisseaux - la réfection de vieux ponts et l'aménagement de passerelles et de sites de pique-nique - les parcours et postes de découverte et d'observation de la flore et de la faune - la reconstitution de paysages par remontée de murets de pierres sèches, consolidation des terrasses de terrains pentus, reboisement d'espaces forestiers, etc ...

- ou encore, la relance de la culture de variétés locales de plantes et de fruits, la promotion de produits et recettes du terroir, le réveil de vieux métiers manuels, la réhabilitation de maisons rurales de pierre ou en terre crue, de toitures de lauze ou de chaume, la restauration du patrimoine vernaculaire, la mémorisation des contes et légendes, l'animation locale à partir de traditions festives et folkloriques, etc...

Dans nombre de régions d'Europe, ces différentes actions d'entretien et de préservation du patrimoine naturel et culturel rural sont le plus souvent le fait d'initiatives privées, individuelles ou collectives.

C'est là une autre spécificité du tourisme rural: l'importante implication du secteur privé dans des opérations à finalité d'intérêt général, dépassant la logique économique de la production touristique.

Il n'en reste pas moins que, par malgré ce bénévolat, les opérations ont un coût et qu'elles ne peuvent, dès lors, être conduites à bonne fin sans l'aide financière publique.

Ces aides publiques au tourisme rural varient d'une région à l'autre pour un même pays, et a fortiori d'un pays à l'autre à travers l'Europe rurale; c'est là une illustration de l'application du principe de subsidiarité, en fonction duquel les politiques locales d'aménagement de l'espace et de développement économique sont d'abord le fait des collectivités territoriales directement concernées

Cependant, par delà ces spécificités régionales de financement du développement local touristique, des procédures, de niveau national ou communautaire, peuvent ouvrir droit à des crédits publics, en provenance d'un Etat ou de l'Union européenne, en accompagnement de financements locaux.

Ces coordinations de procédure entre différents niveaux d'intervention résultent:

- d'une même prise de conscience de l'urgence et de l'importance qui s'attachent à la réanimation sociale et à la relance économique des régions rurales d'Europe, - notamment par un développement touristique local durable,

- et d'une volonté commune d'assurer une mise en oeuvre optima aux projets locaux de développement par la coordination des politiques et la complémentarité des aides financières.

Les aides financières publiques au tourisme rural, selon leur niveau d'origine et leur logique d'octroi, peuvent aussi bien:

- s'appliquer aux hébergements, aux équipements, aux aménagements, aux services, aux animations, à la formation, aux études...

- bénéficier à des opérateurs privés (individuels ou collectifs), comme à des opérateurs para-publics et publics (communes, syndicats de communes, sociétés mixtes d'aménagement...)

- être accordées en vertu de dispositions réglementaires spécifiques à un type d'action ou à une catégorie de bénéficiaires... pour l'application d'un contrat de plan, d'une politique territoriale globale ou sectorielle... dans le cadre d'un schéma spatial de développement touristique ou d'un programme pluriannuel...

- prendre la forme d'une aide directe (primes - subventions - prêts bonifications d'intérêts - garanties d'emprunts - achats fonciers et immobiliers...) ou d'une aide indirecte (fonds de garantie - prises de participation...) aux investissements

- faire intervenir des instruments financiers de natures et niveaux divers tels que: budget territorial global (communal, départemental, régional ou national), fonds spécialisé (sectoriel ou général - de niveau régional ou national - d'origine ministérielle, inter-ministérielle ou encore communautaire)...[7] (sans omettre, dans cet énoncé d'aides, les incidences financières positives de l'application de statuts sociaux ou fiscaux aménagés au bénéfice de certains opérateurs de tourisme rural, dans plusieurs pays d'Europe).

Quels que soient l'origine et le volume des aides publiques consenties pour la réalisation d'un projet de tourisme rural, il importe d'en mesurer la portée - voire le bien-fondé - par la mesure des résultats atteints au regard des résultats escomptés. C'est la mission des différents comités de pilotage, d'évaluation, ou de suivi, prévus le plus souvent dans les procédures d'attribution de fonds publics.

Dans le cas de politiques spécifiques de tourisme rural et de schémas spatiaux de développement local touristique, l'évaluation portera notamment sur les retombées effectives du tourisme sur l'emploi, - paramètre significatif de la réalité de la relance économique recherchée par le développement touristique.

Mais, outre cette approche économique, les emplois générés par le développement seront révélateurs du degré et des formes de participation active de la population locale aux activités et services touristiques, et, par extension, de l'amélioration de la qualité de vie dans le milieu rural d'accueil touristique.

---

7 cf Etude Euroter "Analyse comparative sur l'affectation des crédits communautaires, en faveur du tourisme rural, entre quatre pays européens: Allemagne - Espagne - France et Royaume-Uni" - 1993 Ministère français de l'Agriculture

III. LE TOURISME RURAL: les professions, la formation, les qualifications et la création de l'emploi

Dans le contexte économique actuel, toute politique de développement se doit d'ambitionner d'améliorer l'emploi.

Par ailleurs, le développement de l'accueil touristique dans une région rurale se concrétise par une offre de prestations de services diversifiés, assurées par une pluralité d'acteurs touristiques, pour des clientèles aux attentes diversifiées, - le tout, dans une démarche globale de qualité.

Dès lors, les effets positifs d'une amélioration de l'emploi à partir du tourisme rural vont devoir se traduire:

directement, au plan économique:

- par le maintien des emplois existants, grâce à l'apport d'un revenu complémentaire issu d'une activité d'appoint à caractère touristique;

- et par la création d'emplois nouveaux, générés par la mise en place des équipements et des services assurant l'accueil touristique.

indirectement, au plan social:

- par une sensibilisation de l'ensemble du milieu rural à la solidarité locale résultant du projet de développement global touristique;

- par une incitation des ruraux aux initiatives touristiques individuelles;

- par une mobilisation à caractère bénévole dans la population locale pour des activités touristiques, d'intérêt général local.

A ces différentes fins économiques et sociales, la pluri-activité et la formation jouent un rôle fondamental.

La pluri-activité concerne potentiellement l'ensemble des ruraux (agriculteurs commerçants - artisans - salariés d'entreprises ou de collectivités...), dont l'activité principale est insuffisamment rémunératrice ou ne s'exerce qu'à temps partiel.

Des Pouvoirs régionaux et des Etats ont pris, à cet égard, des dispositions réglementaires fixant le cadre social et fiscal de la pluri-activité en zones rurales, --pluri-activité qui trouve à s'exercer le plus souvent dans des activités d'accueil touristique.

En ce qui concerne la formation au tourisme rural, ce vocable recouvre plusieurs types d'actions, s'adressant à divers publics et faisant appel à différentes méthodes pédagogiques.

La formation au tourisme rural peut aller, d'une simple information ou sensibilisation collective, jusqu'à une qualification professionnelle individuelle sanctionnée par un diplôme, — en fonction des besoins en connaissances, capacités et compétences des différents acteurs touristiques.

Au titre des besoins en formation de ces acteurs touristiques locaux (en connaissances, capacités ou compétences) on peut citer, par exemple:

- les ruraux qui, à titre privé, gèrent de petits hébergements et équipements d'accueil touristique (propriétaires de gîtes ruraux, hôteliers et restaurateurs, gestionnaires de terrains de camping...) ont besoin, à la fois, d'être sensibilisés aux attentes des touristes , d'acquérir les notions de sécurité, d'hygiène, de comptabilité, de gestion, d'animation..., requises pour leur activité touristique, ainsi que d'approfondir leur connaissance de leur terroir et de ses riches se s naturelles et culturelles

- les associations locales qui proposent et encadrent des loisirs sportifs de pleine nature doivent connaître les dispositions réglementaires de sécurité et de responsabilité civile, et être sensibilisées sur les effets négatifs pour l'environnement d'une sur-exploitation touristique d'un espace naturel;

- les personnels des services locaux d'information et d'accueil doivent connaître leur région et ses ressources touristiques pour donner une information rigoureuse et d'usage pratique; mais ils ont aussi besoin d'un savoir technique et commercial pour le montage, la promotion et la commercialisation des produits touristiques locaux, sans omettre la connaissance des clientèles touristiques potentielles;

- les accompagnateurs et guides locaux ont besoin d'une formation polyvalente, intégrant connaissance du pays et techniques d'animation de groupe;

- les agents de développement doivent être formés au montage, à l'accompagnement, à l'évaluation et au suivi d'un projet de développement touristique, impliquant une pluralité de partenaires publics et privés et une diversité d'actions;

- les directeurs et gestionnaires d'hébergements et équipements collectifs justifiant, par les diplômes appropriés, de leur aptitude à prendre en charge de tels aménagements touristiques, doivent savoir s'adapter à un terrain d'application et s'intégrer dans un milieu local;

- quant à la population locale prise dans sa globalité, elle doit, à l'initiative de la collectivité locale, être associée à l'élaboration et à la mise en oeuvre du projet collectif de développement touristique; sa participation active, sous toutes formes appropriées, renforcera la cohésion sociale de la communauté rurale par une complémentarité solidaire des initiatives privées et publiques prises dans le cadre de mise en oeuvre du projet de développement touristique;

- les élus locaux, avec le concours des personnels communaux, ont la responsabilité de définir la stratégie globale de développement local touristique, dans la connaissance des réglementations, des financements, des acteurs institutionnels, des données du développement durable.

D'évidence, les dispositifs et outils pédagogiques d'accompagnement du développement touristique local vont varier en fonction des besoins à couvrir et des objectifs à atteindre. Mais l'élaboration d'un plan de formation, autour du projet collectif de développement, contribue à la dynamique locale recherchée et à la qualification des acteurs par rapport aux activités touristiques composant le projet.

A noter enfin, au titre du maintien d'activités et d'emplois, les effets induits du tourisme rural sur les commerces et services locaux, sur les transports, sur la production et la vente de produits agricoles et artisanaux...

De fait, le tourisme rural s'avère potentiellement porteur de valeur ajoutée pour l'ensemble des activités, à caractère économique, culturel ou social, de la zone rurale où il se développe durablement.

IV. LES PERSPECTIVES D'AVENIR DU TOURISME RURAL: COOPE-RATION POUR UNE CONTRIBUTION DE CE MARCHE TOURIS-TIQUE AU DEVELOPPEMENT DURABLE AU NIVEAU LOCAL

Par nature, le tourisme rural est incitateur à la concertation, à la coopération, au partenariat, à la solidarité, — mots-force dont la projection dans l'action fonde le développement durable d'une zone rurale.

" ... dans le domaine du tourisme rural, la solidarité peut être de droit, de fait ou
"d'objectif: elle peut s'exprimer à travers un réseau par un label de qualité ou à
"partir d'un terroir; elle peut réunir des individus, des organismes ou des
"collectivités; elle va au-delà des corporatismes et des frontières; elle associe le
"public et le privé; elle relie la ville et la campagne..." [8]

La *solidarité* qui doit caractériser le développement du tourisme dans une zone rurale ne vas pas pour autant de soi; elle doit trouver sa logique dans le projet collectif de développement local global; elle se forge dans l'association, sous forme juridique adéquate, des partenaires potentiels d'un objectif opérationnel; elle justifie les cofinancements de programmes; elle s'exerce à travers les outils techniques collectifs; elle se vit dans la mobilisation de la population rurale à des fins de protection du patrimoine ou d'animation locale; elle se développe dans l'inter-communalité de cohérence spatiale; elle trouve ses racines dans la mémoire collective; elle se projette dans la prise de conscience d'un avenir commun...

Cet objectif de solidarité, intrinsèque au développement touristique local --- qui implique la responsabilisation de chacun à l'égard de tous dans l'intérêt général commun est à la mesure des enjeux assignés au développement durable, et des valeurs immatérielles dont le tourisme rural est porteur.

8 in "le tourisme rural en Europe" (cf: supra)

ANNEXE

PROJETS DE DEMONSTRATION POUR LE TOURISME VILLAGEOIS

QUATRE EXEMPLES PROPOSES PAR LE RAPPORTEUR GENERAL

PROJETS VILLAGEOIS DE DEMONSTRATION
DE DEVELOPPEMENT RURAL TOURISTIQUE

THEME

Projet de développement rural global.

IDENTITE

LA HAMAIDE VILLAGE VIVANT - ASBL
LA HAMAIDE
ELLEZELLES
HAINAUT
WALLONIE
BELGIQUE

SITUATION

Zone de reliefs de faible altitude -100 à 150 m - se dégageant de ta vaste plaine maritime belge: le Pays des Collines.

La Hamaide, 510 habitants, village essentiellement agricole.

1974: menace de fermeture de l'école : le signal pour la sauvegarde et le renouveau.

Depuis lors une action permanente pour l'exécution du projet "la Hamaide Village Vivant":

- Sauvegarde et animation de patrimoine agraire et rural.

- Développement d'un tourisme éducatif intégré.

- Education permanente á travers ces activités.

PROGRAMME DE DEVELOPPEMENT TOURISTIQUE

Réalisations

•Aménagement de sentiers touristiques.

Acquisition et aménagement de l'assiette de l'ancien chemin de fer en circuit nature.

•Mise à disposition de l'ancienne cure et aménagement en lieu d accueil de musée.

•Amélioration des abords des ateliers d'artisans.

•Collecte et exposition d'outils dans plusieurs granges.

•Construction en centre village d'appentis abris pour le matériel agricole du musée.

•Aménagement et équipement de l'ancienne maison communale en centre d'information et de promotion économique.

•Organisation de visites guidées du musées : 35 points de visite. Organisation des fêtes des métiers et des saisons

•Création de produits: "une journée au village", "le lait et les produits laitiers", "du grain de blé au pain", "trois jours au rythme des saisons".

En projet

•Création des musées: menuiserie, cuisine, forges, fouilles du château d'Egmont.

•Amélioration de la signalétique touristique.

•Réalisation d'audio-visuels.

•Organisation de circuits à thème.

MONTAGE JURIDIQUE

Deux associations, sans but lucratif, ASBL:

- La Hamaid "Village Vivant" qui structure le contenu de l'opération, assure la mise en oeuvre de l'action, effectue les évaluations.
- "Collectif des Collines", qui porte les emplois, assure la coordination, l'information, veille à l'intégration, participe aux recherches, aux évaluations, à la formation.
- Coopération très active avec collectivités locales, associations, organismes divers.

MONTAGE FINANCIER

Coût des investissements:	27 217 485 BEF
componant:	
apports au divers musées, outils, machines	15 702 700 BEF
achat de chevaux	98 000 BEF
achats divers	23 000 BEF
subventions	250 342 BEF
équivalent travail bénévole	10 125 000 BEF
collaboration pour têtes	826 000 BEF
autofinancement	192 443 BEF
Compte d'exploitation de 1989:	
Recettes	1 146 585 BEF
Dépenses	989 109 BEF

PROMOTION–COMMERCIALISATION

- Editions d'affiches, dépliants, programmes.
- Conférences de presse, participation à émissions radio et télévision.
- Participation à foires et salons.
- Présence active à des manifestations extérieures.
- Participation à d'autres associations.
- Co-production de manifestations. Exemple: "Rallye du Vif-l'Express".

FREQUENTATION

Participants aux têtes, visites:

1986:	7 633
1987:	4 700
1988:	7 397
1989:	6 634
1990:	8 381

Clientèle internationale variant de 1,3% à 9,5%.

BILAN

Economique

- Retombées économiques estimées à:

      1989 : 889 631 BEF
      1990 : 1 208 793 BEF

- Fidélisation de la clientèle par la qualité des produits: boulangerie, pâtisserie, chocolaterie.
- Occupation accrue et création de gîtes ruraux.

Social

Valorisation de groupements communaux .

Maintien de jeunes au village.

Mise en place de plusieurs sessions de formation pour la population: gestion, techniques d'accueil, animation touristique.

Culturel

Valorisation des habitants dans leurs associations

Organisation de soirées récréatives: fanfare, théâtre, arts plastiques.

Rencontres avec visiteurs étrangers.

Contact:

Nom: Jean Pierre DUSOULIER, Coordinateur

Adresse: Chaussée Brunehaut 21, 8 - 7890 Ellezelles la Hamaide

Tél: 0 6864 56 28   Fax: Pays: Belgique

PROJETS VILLAGEOIS DE DEMONSTRATION
DE DEVELOPPEMENT RURAL TOURISTIQUE

THEME

Une opération pilote en partenariat public/privé.

IDENTITE

COMMUNE de TARAMUNDI Province des Asturies
Espagne

SITUATION

- Taramundi est une municipalité rurale de 1 142 habitants (recensement de 1990) couvrant un espace de 82 km2, à l'extrême ouest de la région des Asturies au nord de l'Espagne.
- La municipalité est composée de 4 paroisses et de 53 hameaux et lieux-dits.
- Petite vallée de moyenne montagne (650/750 m d'altitude), avec ruisseaux et torrents, un habitat rural très typé (bois et lauze, des paysages de pacages et de terres cultivées, un artisanat traditionnel (travail du bois et du fer) - Dévitalisation économique de la région.
- L'opération présentée au concours est l'opération pilote, dite "NUCLEO DE TURISMO RURAL", conduite au titre du programme de développement régional des Asturies, á partir d un programme de recherche national initié en 1983, pour le développement du tourisme rural sur le territoire espagnol avec l'assistance du Consejo superior de investigaciones cientíicas
- Les résultats positifs de l'opération pilote de Taramundi ont conduit la région des Asturias à créer, en 1990, l'Association des "NUCLEOS DE TURISMO RURAL DE ASTURIAS" (ANTUR) dont la société mixte de Taramundi est le fondateur social.

PROGRAMME DE DEVELOPPEMENT TOURISTIQUE

Réalisations

En projet

- Valorisation des atouts naturels et culturels de la vallée (paysages - bâti rural - sentiers - patrimoine vernaculaire - traditions religieuses) (chapelle - pèlerinage).
- Par la rénovation et l'extension de bâtiments existants dans le village de Taramundi, création:

    d'un hôtel de catégorie supérieure 4 étoiles (restauration d'un presbytère) - 12 chambres avec bains et terrasse - gymnase, sauna, salle de réunion (30 personnes) - restaurant - cafétéria - salon de lecture - terrasse - parking - point d'information touristique - poste d'essence.

    de 5 appartements dans un bâtiment rural traditionnel et de autres en maisons rurales individuelles.

- Les touristes locataires des appartements et des maisons bénéficient des services de l'hôtel.
- Le "NUCLEO DE TURISMO RURAL" offre des animations (randonnées à pied, à cheval, à bicyclette, en 4x4, en barque...).
- Le programme d'activités est élaboré avec le Conseil municipal (dont des membres servent d'ailleurs de guides-accompagnateurs) et intégré les autres activités villageoises (artisanat coopérative laitière - commerce).

MONTAGE JURIDIQUE

- Réalisation: le Secrétariat d'Etat pour le Tourisme, la Direction régionale du Tourisme des Asturias et la commune de Taramundi.
- Gestion: une société mixte (région commune population locale).

MONTAGE FINANCIER

CREATION: COUT TOTAL: 19 656 000 ESP

hébergement	83 600 000
équipement récréatif et sportif	27 776 000
infrastructures touristiques	3 710 000
promotion et commercialisation	4 150 000
formation	420 000

- APPARTEMENTS: 35 000 000 ESP

dont: Société régionale de promotion	28 390 000
commune de Taramundi	2 700 000
communes voisines	le reste

- prêts: 8 400 000 pesetas (sur 15 ans)
- subventions: 17 400 000 pesetas (Secrétariat général du Tourisme)
- travail bénévole sur 5 ans (non valorisé)
- autres financements: diverses subventions publiques

PROMOTION–COMMERCIALISATION

- coopération inter-communale (7 communes) pour la promotion touristique de l'espace sur lequel est situé Taramundi (entité juridique du regroupement inter-communal avec budget autonome).
- forte médiatisation de l'opération pilote (presse écrite, - parlée, visuelle).
- importante participation des Asturias aux foires et salons internationaux (promotion du projet de Taramundi).
- contacts et coopération avec agences de voyages et tour-opérateur.

FREQUENTATION

88% nationaux
12% étrangers
(principalement français)

Hôtel: séjour moyen :1 semaine
taux d'occupation: près de 50%

Appartements et maisons:
séjour moyen: - à 3 semaines

BILAN

Economique

- rénovation du bâti avec travail des entreprises du bâtiment locales
- revalorisation du prix du foncier
- création d'emplois hôteliers.
- relance de l'artisanat paysan (coutellerie - tissage)
- retombées économiques locales (maintien et ouvertures de commerces).

Social

- participation directe de la population au capital et à la vie de la société mixte d'exploitation de l'hôtel et des appartements
- participation aux programmes d'animation (montage et déroulement)
- participation à de nombreuses actions de formation.
- maintien de jeunes agriculteurs et artisans.

Culturel

- sauvegarde du patrimoine bâti et vernaculaire.
- maintien et réveil des traditions

Contact:

Nom: Eduardo LASTRA-PEREZ

Adresse: Alcade de Taramundi, Ayuntamiento de Taramundi, 33775 - TARAMUNDI / ASTURIAS

Tél: (985) 63 45 01   Fax: Pays: Espagne

PROJETS VILLAGEOIS DE DEMONSTRATION DE DEVELOPPEMENT RURAL TOURISTIQUE

THEME

Tourisme rural et écomusée

IDENTITE

SYNDICAT D'INITIATIVE DE LA COMMUNE DE MUNSHAUSEN
Munshausen - Canton de Clairvaux
Ardennes Luxembourgeoises
L'Oesling
LUXEMBOURG

SITUATION

•Région vallonnée et très boisée d'essences diverses dans les Ardennes du Nord du Luxembourg. Munshausen, commune de 585 habitants, regroupe 5 localités.

•Sentiers bien jalonnés sur les hauteurs et pentes: découverte du patrimoine architectural, du bâti rural traditionnel

•Le Syndicat d'initiative décide de créer dans ce village, lieu de l'ancien marché du bétail Saint Hubert, un écomusée du "cheval de trait ardennais"

PROGRAMME DE DEVELOPPEMENT TOURISTIQUE

Réalisation

1990:

•Achat d'un ancien bâtiment agricole au centre du village comprenant écuries, étables, grange.

Réactivation de l'ancien marché et organisation de la première journée du cheval de trait ardennais avec démonstrations agricoles.

1991:

Travaux de transformation et d'adaptation du bâtiment l'environnement naturel

Installation du bureau de renseignements du Syndicat d'initiative

Aménagement d'un café.> Opening of café.

En projet

•Utilisation des écuries et étables pour l'élevage des chevaux.

•Installation d'une maréchalerie.

•Création d'une exposition permanente, installation du musée.

MONTAGE JURIDIQUE

Musée réalisé par le Syndicat d'Initiative avec le soutien des services des Sites et Monuments es du Ministère du Tourisme.

Fonctionnement assuré en collaboration avec les propriétaires des hébergements et l'association agricole du cheval de trait.

MONTAGE FINANCIER

(en Luxembourg francs)

Investissement pour le bâtiment et le musée	10 000 000 LF

Financement:

Subventions Affaires culturelles	2 000 000
Subvention Ministère du Tourisme	4 000 000
Emprunt du Syndicat d'Initiative	1 000 000
Bénévolat estimé á	2 000 000
Recettes prévisionnelles	1 000 000

Compte de fonctionnement: prématuré (1991)

PROMOTION - COMMERCIALISATION

- Support des médias.
- Publication de dépliants.
- Film vidéo.
- Bureau d'information sur place.
- Assistance de l'Entente des SI et de l'Office National de Tourisme.

FREQUENTATION

Début de la réorganisation du marché du village: 1989

Journée du cheval:1 200 visiteurs

Marché Saint Hubert :2 500 visiteurs

1990

Saint Hubert Market:4 500 visitors

75% de clientèle internationale: Allemagne, Belgique, Pays-Bas.

BILAN

Economique

- Création de 3 emplois: bureau d'information, café, animation.
- Vente de produits artisanaux et de produits agricoles.

Social

- Création d'un lieu de rencontre publique.
- Embellissement progressif des maisons.
- Participation active des diverses associations locales au marché.

Culturel

- Constitution d'une mémoire collective autour du cheval de trait et de l'agriculture ancienne.

Contact:

Nom: Monsieur Nico HAMEN, Président du conseil d'administration

Adresse: Syndicat d'Initiative, 10 op der Lei, 9746 Drauffelt

Tél: 4990 2111　　　　　Fax:　　　　　Pays: Luxembourg

PROJETS VILLAGEOIS DE DEMONSTRATION DE DEVELOPPEMENT RURAL TOURISTIQUE

THEME

Stratégie de développement touristique basée sur un produit local, la pomme.

IDENTITE

THE BIG APPLE ASSOCIATION
Ledbury Herefordshire
The West Midlands
England
United Kingdom

SITUATION

- Région de forte tradition agricole, peu fréquentée, au coeur de l'Angleterre.
- Capacité d'accueil d'une trentaine de chambres en bed & breakfast, 2 terrains de caravanes.
- Réunion de 7 paroisses, 1 550 habitants au total, en 1989, année de "la ferme et de la gastronomie britannique" pour accueillir des visiteurs au cours des 3 week-ends à l'époque de la récolte des pommes.
- Automne 1989: constitution de l'association "The Big Apple" - premier festival de la pomme.

PROGRAMME DE DEVELOPPEMENT TOURISTIQUE

Réalisations

- Création d'un programme intercommunal d'animations, basées sur la pomme, durant les 3 fins de semaine du festival.
- Mise en place de journées portes ouvertes dans fermes et cidreries.
- Organisation de jeux et de concours: exemple: "Apple Roadshow", 600 participants: cueillir la plus grande variété de pommes.
- Organisation de randonnées pédestres de vulgarisation dans les vergers.
- Organisation de spectacles: chansons, danses, sur le thème de la pomme.
- Campagne de protection de l'environnement des vergers.
- Exposition de travaux d'artistes et d'artisans: dessins, peintures, vannerie..
- Promotion de la cuisine locale basée sur la pomme: recettes, plats...
- Dégustation et ventes de produits locaux .

En projet

- Développer ce festival automnal annuel

MONTAGE JURIDIQUE

Constitution d'une association regroupant individus, organisations locales, petites entreprises.

MONTAGE FINANCIER

- Opération qui n'implique pas d'investissement.
- Fonctionnement général:
- Compte d'exploitation du festival de 1989 (en GBP):

Dépenses:

cartes, logo, posters, guides, frais généraux	£ 1 497 01

Recettes:

aides et subventions:	£ 1 047.50
ventes et divers:	£ 449.51

PROMOTION–COMMERCIALISATION

- Sélection et mise en valeur d'un événement par festival: exemple: "The Apple Roadshow".
- Mobilisation des médias, très volontaires.
- Edition du programme des 3 week-ends et diffusion par organismes territoriaux de tourisme.
- Signalisation routière soutenue dans la région.
- Vente en direct par les personnes et entreprises concernées.

FREQUENTATION

Environ 1 500 visiteurs par festival.

BILAN

Economique

- Vente de produits agricoles et ruraux
- Ouverture vers le tourisme pouvant susciter la création de nouvelles structures d'accueil

Social

- Mobilisation d'une partie de la population après le scepticisme de la première année
- Liens et relations entre les paroisses.

Culturel

- Les habitants retrouvent leur identité culturelle.
- Contacts nombreux entre ruraux et visiteurs

Contact:
Nom: Mrs. Jackie DENMAN, Coordinatrice, The Big Apple
Adresse: The Lodge, The Twerne, Putley Ledbury, Herefordshire UR8 2RD
Tél: 0531 83 544   Fax: Pays: Grande-Bretagne

INTERVENTION DE JEAN-JACQUES DESCAMPS
ANCIEN MINISTRE DU TOURISME
DÉPUTÉ D'INDRE ET LOIRE
MAIRE DE LOCHES

J'ai pour mission de vous parler du tourisme rural en France.

Je n'aime pas ce terme, trop restrictif, trop lié à l'agriculture. Je préfère **Tourisme en Espace Rural**. Nous avons cherché un autre terme en analysant les raisons de notre intérêt pour cette forme nouvelle de tourisme.

Car il s'agit surtout d'une évolution du tourisme.

Le développement du tourisme (avec l'élévation des revenus, la démocratisation des moyens des transports, l'augmentation du temps disponible pour les loisirs, la mondialisation du business), s'est orienté vers le plus facile ou le plus pratique. Sun- Sand-Snow-Large Cities.

Le niveau de formation culturelle, le besoin de rechercher ses racines, de s'évader des grandes et bruyantes agglomérations, la crise économique ont créé une nouvelle demande des touristes.

Parallèlement, les régions moins touristiques ont pris conscience de leur potentiel capable de répondre à cette demande dans une nouvelle offre touristique.

Comment la développer?

Comment y répondre mieux dans la compétition internationale qui existe en matière touristique?

C'est ce à quoi nous travaillons en France.

Quelques chiffres sur le tourisme français en espace rural:

Territoire concerné: 80% du territoire français

Fréquentation touristique: 28 % des nuitées

Dépenses touristiques: 22 %

D'après nos études, un doublement de la fréquentation en 5 ans grâce à une injection de 600 millions de francs de crédits publics par an (dont 1/3 Etat) générait 50 000 emplois directs supplémentaires.

1 - LE MARCHE:

Les étrangers ne représentent que 16% des nuitées et 20% des dépenses touristiques.

Les courts séjours représentent 60% des nuitées et semblent se développer au détriment des séjours de vacances longues.

En matière d'hébergement la formule locative semble avoir la préférence de la clientèle(hôtellerie rurale, gîtes ruraux, chambres d'hôtes). Elle est le synonyme de vraies vacances, de flexibilité et de l'indépendance.

Le consommateur des années 1990 est à la recherche d'un tourisme rural diversifié comprenant à faible distance des animations culturelles. sportives et ludiques.

Pendant ses vacances, le touriste souhaite être pluriactif.

Néanmoins, les plus récentes enquêtes montrent que pour 80% des personnes interrogées, la visite ou le séjour ont pur origine la culture, l'histoire, l'architecture de caractère. La gastronomie et l'oenologie viennent ensuite avec 60% des réponses.

Enfin, les activités de pleine nature représentent seulement 40%.

La clientèle du tourisme en espace rural se sert beaucoup du conseil et des commentaires apportés par les guides (exemple: Guide Michelin).

Enfin, le tourisme en espace rural est majoritairement individualiste, souvent itinérant, soucieux de pluri-activités, sinon pour lui, au moins pour sa famille.

Il est plutôt économe et donc plus exigeant en matière d'accueil et en matière de rapport qualité/prix.

Ne voulant pas perdre trop de temps, il a besoin d'une information beaucoup plus complète avec une bonne signalétique dans une langue qu'il comprend.

2- L'OFFRE:

La faiblesse du tourisme en milieu rural réside dans le caractère atomisé de son offre.

De nombreuses initiatives ont dessiné progressivement un paysage touristique rural peu ordonné et difficile par conséquent à présenter aux prospects touristiques.

L'offre est encore trop souvent axée sur une seule composante (un château, un plan d'eau, un parc de loisirs, une curiosité naturelle...).

L'offre actuelle française peut se décomposer en moyens de transport, d'hébergement, patrimoine, animation, environnement naturel.

En ce qui concerne le transport, l'accès est relativement facile, au moins par la route, et la signalisation a été fortement améliorée.

En matière d'hébergement marchand, qui représente environ 23% des dépenses touristiques, on constate la prédominance de l'hôtellerie traditionnelle, mais, avec un développement croissant des gîtes ruraux et des chambres d'hôtes (environ 20% des dépenses). S'y ajoute le camping et les villages de vacances du tourisme social.

En matière de patrimoine, les musées et monuments, jusqu'à présent très réticents vis-à-vis d'une valorisation touristique commerciale et préférant ne s'ouvrir qu'à un niveau élitiste de consommateur, à évolué. Un potentiel très important existe encore pour faire connaître ce patrimoine à une clientèle plus familiale.

Les collectivités publiques gestionnaires commencent à avoir l'approche marketing nécessaire.

L'animation sportive, culturelle ou ludique, facteur déterminant du choix des séjours en milieu rural, n'occupe pas encore la place qu'elle devrait dans l'esprit des collectivités. Elle est très souvent saisonnière.

Enfin, en matière d'environnement, les parcs naturels nationaux et régionaux sont des pôles d'attraction forts.

Pour conclure sur ce plan, ajoutons que l'offre touristique française en milieu rural recherche de plus en plus à s'inscrire dans des plans d'aménagement général, en vue du développement économique et de la création d'emplois.

3 - L'APPORT DE LA COLLECTIVITE PUBLIQUE AU DEVELOPPEMENT DU TOURISME EN MILIEU RURAL:

La simple loi du marché visant à mettre en phase le développement de l'offre et le développement de la demande ne joue pas très facilement en matière de tourisme rural.

En effet, comme nous l'avons vu, le développement de l'offre a besoin d'être coordonné par la collectivité publique:

- d'autant qu'elle est le fait de producteurs élémentaires qui ont besoin de s'entendre pour créer un produit touristique complet, répondant à une demande ciblée,

- d'autant que le tourisme a besoin d'investissements publics comme les transports, les routes ou la signalisation,

- d'autant qu'aucun producteur individuellement, en règle générale, ne peut assurer la promotion de ses produits sans une grande solidarité des autres producteurs. Dans la plupart des cas cette solidarité est organisée par la collectivité publique.

- d'autant, enfin, que la rentabilité des entreprises touristiques est longue à se manifester par rapport aux capitaux investis ou par rapport aux efforts de promotion à engager. La demande de subventions est donc justifiée.

Toute la question est de savoir comment répartir les responsabilités dans la mise en oeuvre des politiques à mener par la collectivité publique.

Lorsque je prends l'exemple de ma région, la Touraine Sud, autour de sa capitale, Loches, belle cité médiévale, nous pouvons bénéficier de l'appui de l'Europe (fonds 5b), de l'Etat (Ministère du Tourisme), de la Région Centre (Comité Régional du Tourisme) et du Département d'Indre-et-Loire (Comité Départemental du Tourisme).

Nous avons donc d'abord défini un territoire homogène autour de Loches, un « pays touristique », comme il y en a beaucoup en France.

Nous avons créé une intercommunalité, c'est-à-dire que les communes délèguent leur responsabilité en matière de promotion touristique à une association (Association pour la Promotion du Tourisme du pays de Loches et de la Touraine du Sud).

Bien entendu, l'APTL travaille en liaison avec le Comité Départemental du Tourisme et le Comité Régional du Tourisme pour profiter de l'effet de synergie dès lors qu'il s'agit d'une promotion plus ou moins lointaine. Par exemple, avec le CDT pour une promotion commune de la Touraine en Grande Bretagne.

En ce qui concerne les investissements,l'initiative se situe au niveau du canton qui génère des projets soumis aux Pays et qui sont analysés dans le cadre d'une concertation Europe/Etat/Région/Département.

Il s'agit là des projets d'investissements pour lesquels les subventions sont donc accordées de façon concertée.

Dans ce domaine de l'organisation des compétences en matière touristique, la grande difficulté de notre organisation française réside dans la grande diversité de nos sites touristiques et la non superposition des zones d'intérêt touristique avec les frontières administratives des cantons, arrondissements, départements, régions.

C'est ainsi que certains pays touristiques, comme celui de la Vallée du Loir au nord de la Touraine, sont étalés sur plusieurs départements et même sur plusieurs régions. Des structures de concertation transfrontières sont alors mises en place. Mais la gestion des fonds publics organisée en France dans le cadre des Régions et des Départements est rendue plus difficile.

CONCLUSION:

Le potentiel du développement touristique rural en France est encore très grand.

La politique menée est d'abord de rendre plus professionnels tant les entrepreneurs privés ou associations que les élus et responsables administratifs.

Il faut développer une pédagogie de marketing, d'accueil mais aussi un réflexe de coordination et de solidarité. Le document de Mme Thibal est tout à fait intéressant sur ce plan.

La politique d'aménagement du territoire qui s'appuie sur une démarche de « pays » homogènes en matière de développement économique doit intégrer le tourisme.

Enfin, un gros effort de cohérence est fait pour rendre plus efficaces et moins coûteuses les études et les projets aux pouvoirs publics par les différents acteurs du tourisme.

WALTER LEU
EXECUTIVE DIRECTOR OF THE
EUROPEAN TRAVEL COMMISSION, BRUSSELS

Let me begin by thanking Israel for hosting this important seminar, held jointly by the World Tourism Organization and the European Travel Commission. Even though I've only been European Travel Commission Director for five months I'm deeply impressed with the expertise with which our colleagues from Madrid organize top-quality seminars in all parts of the world. Not only does the World Tourism Organization add depth to the discussion of tourism, but it accomplishes another important goal, it makes the public and the body politic more aware of tourism.

I value in particular that this conference addresses the subject of rural tourism which, along with sustainable tourism, has become quite a fashionable topic. Nevertheless, the seminar programme promises that our discussions will add depth to the understanding of this subject. In the future, rural tourism will assume increased importance compared with other sectors of the tourist industry, particularly because it creates jobs and generates earnings in regions traditionally avoided by investors in manufacturing and services because of their structural disadvantages.

In its first phase, rural tourism helps maintain existing jobs and goes on to create new ones in its own core sector as well as in other parts of the economy. This important socio-demographic contribution helps keep the local population from emigrating, and contributing further to the urbanization of our society. Rural tourism also helps agriculture survive in rural areas which would otherwise return to their wild state in no time at all. Rural areas contribute as much to a country's nature and identity as do its urban centers. Let us not forget that today, tourism is a significant first step in building a country's image that sets the tone for its overall perception.

May now I more closely define the subject of my presentation, listed in the programme as le **produit suisse du tourisme rural**.

In Switzerland we interpret rural tourism as <u>farm holidays.</u> Some 200 years ago British travellers, on their way to Italy to further their education, discovered Switzerland, rural Switzerland to be exact. That's how tourism got started in our country. Today, almost all holiday and recuperation tourism is rural tourism of one kind or another. Its effects are those I outlined previously, but for the country as a whole. Without tourism whole sections of our mountainous region would be depopulated, trades would disappear and agriculture would no longer be sustainable. A vicious circle would result in the environment. When agriculture disappears from the Alps, the land soon degenerates into brush country, with an increase in avalanches, followed by erosion. Time does not permit me to deal with this in greater detail. Regarding the economic importance of tourism to agriculture in Switzerland's mountainous regions, suffice it to say that 75 percent of our hillside farmers - and the same is true of other Alpine countries - can supplement their income through tourism. Three quarters of those small farms of mostly 25-40 acres could not survive without some sort of supplementary income. Keep in mind that some two thirds of Switzerland's tourist industry income is generated in rural areas. In 1995 income from foreign tourists accounted for some 9 billion US dollars, with domestic and day tourism accounting for about 6 billion dollars.

Farm holidays are experiencing a boom in Switzerland while other forms of tourism are either stagnating or declining. Tourists from Switzerland and from abroad contribute to this situation, with demand far exceeding supply. Some of the reasons are:

- farm holidays are family-friendly;

- while not exactly cheap, they are good buys - we want farm holidays to be known as quality holidays rather than tourism on the cheap;

- farm holidays are a megatrend because in our increasingly technified, automated and shareholder-value-oriented world in which ethical values come second, people long for nature, freedom, fresh, clean air and green countryside right outside their bedroom window; the Swiss like farm holidays as a means of rediscovering their roots; farm holidays meet expectations to almost 100 percent; objectively and subjectively, the product conforms to the guests' wishes; no other holiday variant in Switzerland conforms as closely regarding suitability and uniform quality to a nationwide standard. Furthermore, only operational farms have a chance of housing guests. We don't want any Potemkin Villages with a rent-a-cow or rent-a-goat passing by once each day to keep up appearances; and

- there is a central booking service for farm holidays in the whole of Switzerland.

But let's face it, no farming family in Switzerland or elsewhere takes in guests out of idealism. Economic pressure is always the reason. Farms that generate enough income in their core business concentrate on just that. On the other hand, it pleases us no end that farming families skeptical toward tourism, particularly families with children, discovered how enriching it is to host paying guests, particularly from the city. They help counteract the kind of isolation that results from agriculture's modernization. More often than not we have that ideal situation of a commercial buyer-seller relationship evolving into a personal relationship with regular, mutual visits and guests returning to the same farm year after year, much like birds returning after the passing of winter.

It took the **recent changes in the nature of agriculture** to give farm holidays a chance. Until the early '90s farm income in Switzerland was so high that no additional, non-agricultural income was needed. The world's highest prices for agricultural commodities - some 225 percent of those in the EU - were guaranteed by the state, which also guaranteed purchase of any surpluses. In fact, 70 percent of agricultural income derived from subsidies.

This changed radically a few years ago. Today, Switzerland's agricultural Policy calls for:

- farm produce prices equal to those in the EU;

- moving away from quantity towards quality

- ... by paying bonuses to the farmers who use less chemical fertilizers and pesticides;

- the production of healthy, high quality agricultural products, and indirectly, re-establishing the health of the environment, increasing plant variety and improving our wildlife habitat;

- paying production subsidies to organic farmers pegged on surface area and the degree of organic farming.

In a recent referendum, a vast majority of Switzerland's voting public voted for a constitutional amendment in support of this new policy. The people made it clear that they want a healthy environment and are ready to pay the price to farmers who make a major contribution toward that goal.

How does this affect farm holidays? It makes the farm environment ever more beautiful, fascinating and more attractive as a holiday site.

But it takes **a special support structure** to interest farmers in the tourist industry.

No one denies that in spite of financial incentives, farming income in Switzerland is declining and will continue to do so. One way to compensate is to retain only farms of sufficient size. In the lowlands this means farms of today's average 50 acres should make way for farms of 100 acres or more. This would require no additional machinery or personnel, because Swiss farms operate below capacity, even with the little land they have today. On the other hand, prohibitive land prices ranging from 10 to 12 dollars per square meter make purchases of more land suitable for cultivation impossible.

A good way to make better use of existing labour capacity and empty farm buildings is to put them to use as a source of supplementary income generated by tourism. Clearly, tourism on the farm has an agricultural aspect while serving the tourist industry at the same time. To meet the demand for farm holiday locations, certain other steps, some legislative and currently underway, need to be taken:

1. At present, new construction must be limited to designated building zones No buildings other than for agricultural purposes may be built in the agricultural zone. This means farmers may house guests in existing apartments, but may not build new ones that do not serve agricultural needs directly. Switzerland's parliament is in the process of adjusting zoning law to permit activities other than agriculture, and new construction on farms for non-agricultural purposes. These changes would have to serve the ultimate purpose of sustaining agriculture.

2. Low-interest loans are to be made available so that farmers are not totally dependent on supplementary income from tourism.. The idea is to allow farmers to let holiday apartments only if they wish to do so.

3. Continuous quality control is essential. I have previously stated that farm holidays should not be a new variety of low-budget tourism but a reasonably priced, special interest tourism with a definite social impact. Most of all, farms should remain real farms rather than inns that merely look like farms.

4. But the key to success is a central booking system. Since such a system was launched in Switzerland three years ago, average demand rose ten percent or more each year and growth is expected to continue at this pace.

5. Many farmers accept direct bookings, especially when farmer and guest have known each other for years.

Because as I mentioned earlier, there is a social aspect to farm holidays, in closing I'd like to better acquaint you with a Swiss company closely associated with affordable holidays, a company which took over marketing of farm holidays throughout Switzerland some years ago with considerable success, **The REKA Swiss Travel Saving Fund.**

- The company has remained faithful to the concept of affordable tourism since its inception some 60 years ago.

- In spite of the better quality of its holidays at lower prices, it remains Switzerland's most profitable tourist industry enterprise, with regularly rising sales and cash-flow.

- REKA makes holiday apartments available to some 500, economically deprived families each year.

- REKA's ten holiday villages, with 1,300 apartments - the organization also owns a large holiday village in Italy - boast 80 percent average annual occupancy, compared with a Swiss holiday apartment average of 30 percent.

Let me briefly tell you about the REKA concept and how it works. I consider it a model suitable for other countries, particularly where regional economies are to be bolstered through tourism and there is a need for reasonably priced family holiday facilities.

The main objective of REKA, established as a cooperative during the depression, is to make travel and holidays possible for families of limited financial means. From the very beginning the organization chose to operate independently and not depend on funding from the state or special interest groups.

From REKA's inception two concerns came first and foremost:

- providing a way to save for holidays, and providing information about low-priced holidays

- Since the 1950s, when a shortage of family accommodation occurred, REKA has built its own holiday establishments.

To safeguard freedom of holiday choice, the REKA cheque was created as a holiday currency. The cheque is put into circulation like a bank-note but in a closed circuit and with the permission of the Swiss National Bank. It flows from the Fund to the selling agents, from there to the consumers and via the suppliers of tourist services back to the Fund. The cheques are passed on to the selling agents with an initial reduction in price of 3 percent.

The cheque selling agents, partners of REKA at the same time, are mainly industrial firms and the service industries (banks, insurance companies) as well as public administration, employees' associations, foodstuff trade cooperatives, etc. They pass the cheques to employees, members and clients with an additional reduction of 5 to 25 percent. They pay the price for the cheques at the time of delivery. Cheque sales are usually limited by quotas.

The users of REKA cheques, approx. 600,000 Swiss households representing about 30 percent of the total number, can profit from prices reduced by an average of 16 percent when purchasing tourist services, thanks to the reductions granted by the Fund and the selling agents. After paying CHF 84 for a cheque, the users can then purchase services (rail travel. excursions. holidays. meals, etc.) to the value of CHF 100.00.

Cheque-accepting agents are over 10,000 enterprises in tourism and the public transport sector. Domestic tourism benefits from more than 80 percent of the cheques used. 20 percent find their way abroad through travel agents and coach touring firms. The cheques cashed by these firms are returned to REKA and thus the circle is completed. In order to compensate for the reduction in the cheques' transfer price, for the creation of additional tourist purchasing power and for information and advertising activities, REKA charges a commission of 4 percent to most firms.

Systematic saving for holidays with REKA cheques may well be one of the reasons for the high intensity of travel in Switzerland. While in most Western European countries the proportion of people taking annual holidays swings between 40 and 65 percent, the respective rate in Switzerland is around 80 percent.

Since 1970 the amount of savings invested in REKA cheques has more than quadrupled. 1995 the sales totalled more than 300 million Swiss francs, approx. 250 million US dollars. The average length of time during which savings for holidays are tied up in cheques is about 290 days. In other words, during this period this amount of money provides income by interest.

REKA thus provides a model which produces only satisfied partners, all achieving material or immaterial benefits:

- **Customers and guests:** may spend holidays during any of the four seasons in beautiful countryside in high quality, modern and well appointed apartments with comprehensive infrastructures for sports and culture nearby. The cheque idea further reduces the already favourable basic rate.

- **Private companies and government departments:** Cheques are available to employees at a discount, which increases their motivation and company loyalty. There's a virtually full guarantee that the holidays will be fully satisfactory.

- **Members of the tourist industry** accepting REKA cheques gain additional business. This is guaranteed because the money has been previously saved for the purpose.

- Through REKA investments in holiday facilities, **rural areas** acquire tourism of good quality with regular, high occupancy for an average of 280 days a year. Local businesses benefit from purchases made by REKA guests.

- **Many Swiss farms** have entrusted marketing their holiday apartments to REKA. Thus, in yet another contribution to the health of agriculture, against payment of a small commission, they enjoy assured demand.

- **And finally. financially sound REKA** finances its considerable investments through its own reserves, and thanks to above-average quality of its offerings and below-average prices, has no demand problems. REKA can and will remain faithful to its commitment to the country and its population to provide affordable tourism

Tourism makes it all possible.

RENÉ VAN DE POEL
CONSEILLER POUR LE TOURISME Á LA MAISON
DE LA PROVINCE DE LA DRENTHE, PAYS BAS

La stratégie nationale néerlandaise pour le développement rural et son implication au niveau régional et local

Mesdames, Messieurs :

"Le tourisme rural: une solution pour l'emploi, le développement rural et l'environnement." C'est le thème de notre séminaire d'aujourd'hui. Dans quelle mesure le tourisme rural peut -il offrir une solution aux problèmes économiques et sociaux dans nos campagnes ? Je suis convaincu que l'on trouvera la réponse à cette question sous des formes très différentes selon la situation et les facteurs et les circonstances spécifiques du pays et de la région en question.

A l'instar de notre discussion,j'éssaierai de vous expliquer comment les Pays-Bas conçoivent le tourisme rural. Pour cela je vous présenterai d'abord la stratégie nationale sur le développement rural et, dans ce cadre, le développement du tourisme rural. Ensuite je vous expliquerai, comment la stratégie nationale peut servir de cadre pour la réalisation des plans et projets régionaux et locaux. Comme je suis conseiller pour le tourisme à la maison de la province de la Drenthe, je donnerai quelques exemples de la "méthode néerlandaise", qui se trouvent en exécution dans ma région.

Vu le peu de temps dont je dispose, je dois me limiter à un dessin en quelques traits en supprimant les détails et les nuances.

La stratégie nationale pour le développement rural repose sur le schéma de la structure de l'espace vert. Ce document politique offre le cadre général pour le développement de l'ensemble des milieux ruraux, aussi bien agricoles que naturels. Le schéma s'appuie sur les différentes stratégies politiques sectorielles à long terme dont:

- le quatrième plan sur l'aménagement du territoire

- le plan national de l'environnement

- le troisième plan sur la gérance de l'eau

- le plan national sur la gérance et le développement des espaces naturels

- le plan sur la structure agricole

- le plan national sur l'exploitation forestière

- le plan national sur les loisirs de plein air

- le plan national sur la sauvegarde et le développement des paysages néerlandais.

Le schéma de la structure de l'espace vert contient une évaluation et une coordination de tous ces plans sectoriels offrant pour cela le cadre intégral pour l'amélioration de la qualité de l'espace rural. Les concepts de base sont: durabilité, structure et qualité.

Vous comprendrez, que je ne vous présenterai pas un exposé détaillé sur cela en ce moment. En revanche, vu le thème d'aujourd'hui, je mettrai en évidence quelques points importants.

L'un des changements, qui est d'une importance capitale dans l'espace rural national, est la réalisation de la "principale structure écologique" (Ecologische Hoofdstructuur), c'est à dire la construction d'une zone dynamique regroupant terrains et parcs naturels reliés entre-eux par des zones de liaison.

Dans les décennies à venir la superficie de l'espace naturel sera agrandie considérablement. Pour cela des terres agricoles sont retirées de la production sur une échelle relativement large et aménagées ensuite en terrains naturels. L'étendue, la situation et la qualité de la principale structure écologique ont été déterminées. La réalisation est prioritaire sur les autres buts nationaux.

L'agriculture et l'horticulture sont traditionnellement les principales utilisatrices de l'espace rural. Actuellement, ces deux secteurs se trouvent dans un processus d'adaptation à l'économie européenne. En même temps les exigences posées par l'aménagement du territoire ainsi que l'environnement causent des changements considérables dans le secteur agricole. La production reposant sur l'étude du marché, ainsi que l'attention pour l'amélioration de l'environnement, causent des changements dans l'utilisation des terres et de l'espace. Parfois ceci mènera à l'intensification de la production ou le développement des superficies nouvelles. Dans d'autres régions, il peut être souhaitable de mettre la production agricole en accord avec les valeurs naturelles ou touristiques existantes.

Entre les fonctions de l'exploitation forestière, les loisirs de plein air, le tourisme et la préservation de la nature, il existe une relation soudée. La conservation des paysages de grande valeur, aussi bien naturels qu'agricoles, est d'une importance considérable pour les loisirs de plein air et le tourisme. Au niveau national, la stratégie politique vise le mélange de toutes ces fonctions, sans nuire à la nature ou à la beauté des paysages. A ce propos on estime très important la fonction de l'exploitant agricole comme étant le gérant du paysage rural.

L'un des quatre thèmes principaux de la stratégie nationale pour le développement des loisirs de plein air, concerne l'espace rural. Pour cela, on insiste sur des régions touristiques prioritaires. Ce sont dans ces régions, que les différents plans sectoriels pourront être réalisés simultanément. Ainsi des possibilités multi-bénéfiques seront créées.

Lorsqu'en 1994 un nouveau gouvernement s'installa aux Pays-Bas, la coalition se basa sur un programme de gouvernement, c'est à dire un accord politique en grandes lignes sur quatre ans. Dans cet accord est mentionnée pour l'espace rural une politique de renouvellement dans laquelle l'agriculture, la nature et le tourisme se développeront et pourront se moderniser simultanément. Depuis il est devenu clair que la stratégie active de renouvellement se précise sur deux thèmes centraux: le renouvellement administratif et le renforcement socio- économique des régions.

Le but du renouvellement administratif est de permettre aux régions mêmes de définir leurs puissances spécifiques et de développer une stratégie régionale sur mesure pour la mise en valeur optimale. Les régions ont une grande responsabilité maintenant, non seulement en indiquant les problèmes,mais aussi pour déterminer les solutions et l'exécution des plans et projets. Les rôles des différentes administrations changent dans tout cela. La directive des ministères nationaux se transforme en rôle d'appui. Ce sont les provinces, qui ont une position clé en ayant le rôle de régisseur et de stimulateur intermédiaire entre les organisations publiques et privées, locales et régionales et les institutions nationales.

Le développement d'une stratégie régionale sur mesure implique également, que les stratégies sectorielles au niveau national pourront être appliquées au besoin de la situation spécifique de la région en question. Les plans stratégiques nationaux sectoriels restent en vigueur, bien sur, mais ce sont les moyens qui peuvent varier pour acquérir les buts différents, selon les priorités et les opportunités de la région en question. En plus, une approche intégrante est nécessaire. Dans le passé, on voyait trop souvent, que les moyens sectoriels étaient mis en oeuvre uniquement pour la solution des problèmes du secteur concerné, parfois causant un autre problème dans un autre secteur, ou sans bénéficier des opportunités offertes dans des secteurs annexes. Le développement d'une stratégie intégrante régionale permet à tous les secteurs d'en bénéficier.

Le deuxième thème: le renforcement économique et social des régions, se réalise principalement dans l'action adaptée spécifiquement à la situation régionale en question. Dans ce domaine on vise la restructuration et le renforcement de l'agriculture, l'amélioration des possibilités pour des activités non-agricoles dans l'enceinte du secteur agricole et au développement d'autres secteurs économiques dans l'espace rural. Pour chaque région sélectionnée un mélange optimale de ces possibilités doit être trouvé pour profiter au maximum des opportunités spécifiques de chaque région.

L'intérêt du tourisme pour le développement rural se laisse déterminer par une expression très connue à ce sujet: "Le tourisme ne peut pas sauver la vie rurale, en revanche la vie rurale ne peut être sauvée sans le tourisme". Le développement du tourisme rural peut renforcer l'économie régionale et procurer des revenus supplémentaires à l'exploitant agricole. Mais pas plus. Dans l'espace rural l'enjeu dépasse largement les actions pour le développement touristique. Les conditions économiques et sociales en totalité doivent être maintenues ou renforcées à un niveau, où la population rurale y trouve les qualités de vie dites normales.

Quand on discute avec les habitants dans les campagnes et les villages ruraux sur la qualité de l'environnement et les conditions de vie, qui pourraient être améliorées, selon leur opinion, ils parlent le plus souvent de l'emploi, de la disponibilité des institutions sociales et médicales, de l'école et des problèmes concernant les transports en commun. Mais quand le gouvernement national ou régional dresse des plans pour une région, il s'agit principalement de l'environnement, l'aménagement du territoire, le développement et la sauvegarde de la nature et du paysage, la gérance de l'eau ou l'exécution des plans stratégiques.

Pour réussir la nouvelle stratégie pour le développement rural, il est indispensable que les objectifs des administrations provinciales et nationales fassent partie intégrante avec les besoins et les idées de la population rurale ainsi que les organisations et les entreprises régionales et locales concernées. C'est le fondement d'un plan de développement rural pour une région. Ce plan doit contenir en tout cas une stratégie pour le développement socio- économique de la région. En rapport avec cela, les initiatives locales à petite échelle doivent être considérées et mises en valeur, puisqu'elles forment souvent les points forts de base, porteurs du développement et elles ont en général l'approbation de la population visée. Les moyens de subvention doivent être adaptés à cela. En même temps les administrations provinciales et nationales ont la responsabilité pour l'exécution des projets de grand échelle et des travaux d'infrastructure qui soutiendront le développement économique et social régional.

La province joue le rôle central dans cette nouvelle stratégie d'opérations. Elle prendra l'initiative pour que démarre une entente de coopération entre les différentes parties. Le but de ce processus de coopération est de dresser un programme de développement régional et de l'exécuter. Ce programme de développement régional comprend l'aménagement de l'espace, des aspects économiques, sociaux et écologiques d'une région déterminée. Ici on relie les stratégies sectorielles nationales aux problèmes, qui nécessitent une solution au niveau local et régional.

Il est essentiel que le développement se fasse en collaboration et le soutien indispensable de la population et des institutions clé de la région. Pour cela un conseil régional est forme sous la présidence de la province. Dans ce conseil, les représentants des institutions clé de la région discutent le programme de développement et jugent les mérites des initiatives et projets présentés dans ce cadre.

Qui font partie de ce conseil ? En fonction des problèmes spécifiques de la région déterminée ce sont par exemple des représentants des producteurs agricoles, de l'industrie agricole, de l'organisation régionale pour la préservation de la nature et du paysage, d'une organisation de sauvegarde du patrimoine, de l'organisation des gîtes rurales, etc...

Pour chaque région déterminée la province nomme un coordinateur, qui joue le rôle d'animateur ou stimulateur. Il (ou elle) fait partie, bien sûr, du conseil régional et s'occupe de la coordination interne et du service information. Il encourage la coopération entre les différentes parties concernées. Il favorise la coordination et l'intégration des différentes stratégies sectorielles pour cette région. Il stimule et appuie les initiatives et les projets dans la région. Il s'efforce de réussir au maximum la mise en jeu d'instruments administratifs et de moyens financiers. Dans certaines situations, il serait souhaitable que le coordinateur /animateur ne fasse pas partie de l'administration provinciale, mais qu'il tienne une position indépendante. Il est possible que la liaison avec les parties locales soit plus fructueuse ainsi.

Enfin il y a la question du financement.

En principe la stratégie néerlandaise pour le renouvellement de l'espace rural n'implique pas un flux considérable de fonds supplémentaires à ce sujet. Pour les grands projets, qui sont exécutés dans le cadre de la stratégie nationale, les budgets sont disponibles.

Il s'agit par exemple de la réalisation d'une partie de la principale structure écologique, d'un projet de restructuration agricole, ou d'un projet d'infrastructure touristique faisant partie des priorités nationales ou provinciales.

Pour l'exécution des projets présentés par des institutions et personnes privées au niveau local et régional, il faut souvent un budget supplémentaire. En principe le développement rural durable doit être fondé sur une économie de marché. C'est à dire que les projets doivent pouvoir exister sans aide financier. En revanche, il peut être nécessaire que le démarrage d'un projet, qui est en accordance avec le programme de développement régional, soit aidé par un subside. Aussi est il possible que des conditions favorables soient créées, par exemple par la réalisation d'une piste cyclable touristique dans une région où l'on trouve beaucoup d'initiatives pour le logement à la ferme.

Pour le financement de telles actions, un fonds spécial a été crée, depuis 1995 (cluster III). Par ceci le coordinateur/ animateur peut être salarié également. De la même source peut être payés les frais afin de mobiliser la population rurale. Actuellement les provinces négocient avec le ministre de l'agriculture, sur la façon dont on pourrait continuer ce fonds pour la période 1997/1999.

En résumé, je vous ai indiqué que le développement du tourisme rural aux Pays Bas se déroule dans le cadre de l'effort national pour le renouvellement de l'espace rural, où tous les secteurs concernés contribuent d'une façon intégrante au renforcement socio- économique des régions. Le gouvernement national marque les principaux points de sa stratégie, mais ce sont les provinces qui ont la responsabilité de dresser un plan de développement régional y compris un programme de réalisation. Aussi est il essentiel, que la population et les institutions au niveau local y participent activement. Les projets exécutés doivent être enracinés dans la société rurale elle même. En principe l'exploitation ne doit pas dépendre des subsides mais doit être basée sur les principes de l'économie de marché.

Dans les cinq régions de la province de Drenthe, qui ont été désignées comme prioritaires concernant le renouvellement rural, il y a un fort accent au renforcement de la structure agricole, de la sauvegarde et l'extension des zones naturelles et des paysages de grande valeur et, en cohérence, le développement du tourisme durable, y compris l'agritourisme et le tourisme dans la nature.

Depuis longtemps la Drenthe est renommée comme province touristique avec ses grandes superficies de forets et de parcs naturels, des monuments archéologiques datant du néolithique, ainsi que des paysages agricoles traditionnels, qui ont gardé leurs anciennes structures.

Les fermes, les hameaux et les villages ruraux y sont d~une grande valeur historique et culturelle. Les communautés rurales gardent toujours beaucoup leurs traditions et s'efforcent de sauvegarder leur patrimoine.

C'est pourquoi en Drenthe il existe un accord commun pour que le développement rural, et en conséquence le développement touristique, doivent être en harmonie avec les principes de la durabilité et de l'écologie. Ces principes du développement durable sont expliqués dans une brochure "Le tourisme rural en Europe ". Il s'agit d'une initiative d' EUROTER (Tourisme en Europe rurale). Ce dépliant a été publié dans 33 pays et en 22 langues, avec le soutien financier d'une part du conseil de l'Europe et d'autre part le DG XI de l'Union Européenne au titre de campagne: "1995: Année Européenne de la Conservation de la Nature".

Pour illustrer comment "la méthode néerlandaise" pour le renouvellement de l'espace rural, et en particulier le développement du tourisme rural, s'applique favorablement, je vous présente quelques projets, qui se situent dans la région sud - ouest de la Drenthe et les régions voisines des provinces de la Frise et de l'Overijssel. Cette région contient trois parcs nationaux, de grandes étendues de terrains naturels dont des forêts, des champs de bruyère, des lacs et des marais. Le paysage rural y est découpé et la structure agricole y est encore partiellement traditionnelle. L'infrastructure touristique y est déjà assez développée avec centres d'accueil et d'information, pistes cyclables, itinéraires de randonnées, pistes d'équitation et des possibilités pour le nautisme. L'hébergement touristique est composé principalement de complexes de maisons de vacances et de campings d'un niveau moyen et modeste. La capacité d'accueil touristique totale de cette région est de 4.500 lits (occupation/nuit: 512.000 par an)dans la partie de l'Overijssel et de 30.700 lits (occupation/nuit: 1.600.000 par an) dans la partie de la Drenthe. Dans cette région, il y a deux villes d'une importance régionale, avec environ 23.000 habitants et quelques villages de caractère urbain. La plupart des villages, cependant, ont un caractère rural et traditionnel.

1. Le projet Frederiksoord, "Pays de Bienfaisance".

Le village Frederiksoord est fondé en 1818 comme une colonie agricole, par la "Société de Bienfaisance", en vue de combattre la grande pauvreté à cette époque. On y trouve toujours l'architecture typique de la société coloniale dans les maisons et les bâtiments, et dans le paysage. Au village Frederiksoord, et aux alentours, il se trouve plusieurs points d'intérêts touristiques. Le projet vise la réalisation d'une liaison entre toutes ces attractions relativement modestes et les nouvelles initiatives. La promotion et la commercialisation ainsi que le développement du projet seront exécutées par une fondation.

Les éléments clé de l'actuel projet sont:

- Les jardins d'exposition. Partant de l'ensemble du jardin éducatif (7ha), appartenant á l'école d'arboriculture, fondé en 1884 par la Société de Bienfaisance. Le parc sera aménagé aussi bien pour le grand public que pour l'amateur sérieux et le professionnel. Un jardin adapté pour les handicapes physiques et les non-voyants en fait partie.

- Médiathèque pour le développement rural et l'architecture du paysage et des parcs et jardins. Etudiants, professionnels, amateurs du jardinage et de la nature y trouveront toutes les informations. Des paysagistes et des entreprises de parcs et jardins etc s'y présenteront. L'exploitation de la médiathèque se fera en coopération avec la bibliothèque provinciale. La médiathèque pourra également servir de centre d'informations sur les trois parcs régionaux qui se situent dans les environs. Chaque jour, la chaîne régionale de télévision diffusera une émission de 5 minutes sur le jardinage et les traveaux de la saison, depuis le projet de Frederiksoord. Dans le weekend les émissions seront combinées dans un programme d'une demie heure. A l'avenir, les programmes seront diffusés également par d'autres chaînes régionales.

- Jardin pomologique. Collection d'arbres fruitiers d'anciennes races, ainsi que verger et jardin potager d'exposition, (8 ha).

- Centre "vert", d'activités. Centre d'appui avec des facilités et des services pour entreprises débutantes, dans les secteurs pépinières, entreprises parcs et jardins, ornements de jardins mais aussi production et vente des produits régionaux, des cours culinaires basés sur les produits régionaux et la restauration régionale.

- Foire et marchés verts. Pendant la saison touristique chaque samedi. Expo et vente des produits régionaux.

- Centre d'entraînement et de stage pour l'entretien des parcs et jardins et du paysage.

- Ecole d'été. Cours particuliers pour les amateurs engagés.L'horticulture, le jardinage, animaux domestiques, apiculture, oenologie, etc....

- Musée "de Koloniehof". Exposition permanente, illustrant le mode de vie, l'habitat et le travail dans les colonies agricoles du dix-neuvième siècle. Dans le domaine de plus de 2 Hectares qui entoure le musée des sentiers de promenade longent de petits champs où sont pratiquée les mêmes cultures que dans le passé.

De nombreuses organisations et entreprises nationales ont fait savoir leur volonté de participer au projet. Avec chaque participant un contrat de participation ou de sponsoring sera conclu. Les participants font partie d'un conseil en ce qui concerne le programme d'activités et les thèmes.

Le projet demande un budget de réalisation de H.Fl 10 millions le financement de ceci est presque à terme actuellement. Le démarrage du projet est soutenu par un subside de source provinciale, nationale et européenne (FEDER/EFRO, Objectif 5b) à cause de son importance pour le renouvellement rural.

La province de Drenthe a joué un rôle de coordination, assez important, pour assurer la coopération de toutes les parties concernées, ainsi que pour réaliser la mise en valeur des projets locales, souvent assez modestes, par leur encadrement dans le projet "Pays de Bienfaisance".

Le projet a reçu un subside du programme européen LEADER pour la coordination du projet. Ceci a mené à une accélération considérable du projet: L'idée s'est concrétisée en avril 1995; L'approbation du plan global et du financement a été un an plus tard; On espère de terminer la première phase en juin 1997 et le projet entier fin 1998.

Un deuxième projet que je voudrais vous présenter, c'est:

2. "De Turfroute": La Route de la Tourbe.

Dans la région de la Drenthe et de l'Overijssel, il y avait des grandes étendues de tourbières et de marais tourbeux. Depuis le Moyen Age déjà, l'homme a commencé l'extraction de la tourbe. Dans le 18è et 19è siècle cela avait pris une proportion industrielle. Il en résulte que les marais tourbeux sont transformés en région de lacs, cultures de roseaux et de foin. Le paysage typique et les valeurs naturelles y sont si extraordinaires, qu'une grande partie de cette région est déclarée parc national. Les tourbières s'étant formées sur des couches imperméables des plateaux sablonneux de l'ère glaciaire ont été mises à sec par un système de canaux qui servait en même temps de voie de transports aux péniches chargées de tourbes. L'exploitation n'était pas basée sur le principe de la durabilité, on peut dire. Des tourbières vivantes véritables systèmes écologiques très spéciales, il ne reste que quelques terrains d'une superficie assez importante qui sont des réserves naturelles protégées maintenant. Ce qu'il reste c'est le réseau des canaux, parcourant des régions rurales aux paysages et villages rustiques. Comme les canaux ont perdu leur importance économique depuis quelques décennies, beaucoup de ces canaux étaient laissés à l'abandon, ou n'étaient plus navigables parce que les ponts et les écluses n'étaient plus en service. Depuis quelques années, un groupe d'action, habitants de la région, s'efforce de sauvegarder les vieux canaux, tenant compte des valeurs socio-culturelles, paysagères et touristiques. Le groupe a proposé le développement d'un circuit de 150 km, parcourant les provinces de la Drenthe, de la Frise et de l'Overijssel: "La Route de la Tourbe". La province de la Drenthe a pris l'initiative de préparer un plan de réalisation avec la coopération des deux provinces voisines et, bien sûr, des représentants du groupe d'action. Le développement du projet se fait sur deux trajets. Les provinces s'occupent de la restauration des canaux, des écluses et des ponts. Aussi assurent elles le service coordonné des ponts et écluses, pendant la saison touristique en fonction de la navigation touristique. La route de la tourbe fait partie du réseau national pour la navigation touristique, un élément fondamental de la stratégie pour le tourisme et les loisirs de plein air.

Le deuxième trajet du développement vise la mise en valeur du circuit et sa commercialisation en quelque sorte. Pour cela une étude sera faite, en consultant des représentants de groupes intéressés dans la région: commerçants, exploitants, syndicats d'initiative, communes, clubs nautiques, etc.... Le but de cette étude est de sélectionner des idées et des projets, non seulement en ce qui concerne le nautisme, mais aussi les attractions touristiques dans la région rurale voisine.

Le résultat de l'étude donnera un programme d'exécution pour une période de plusieurs années, dans laquelle on considère la participation des communautés locales et des particuliers intéressés comme indispensable. Les provinces et les administrations municipales, avec l'aide de fonds nationaux et européens (FEDER/EFRO, Objectif 5b), financeront la plupart des installations nautiques. D'autres projets touristiques devront être réalisés par des particuliers, des entreprises privées, ou des organisations locales intéressées. La promotion et la commercialisation de la route de la tourbe seront soutenues par les provinces, ainsi que la réalisation de certains projets de base. En principe la province ne s'occupe jamais de l'exploitation. En attendant, la province de la Drenthe a pris l'initiative d'explorer les possibilités d'établir des liaisons du réseau nautique par les anciens canaux dans le Nord Est du pays, avec la région voisine d'Emsland (Allemagne), où se trouve également un ancien système de canaux dans une situation similaire. En même temps au niveau national et international, il y a des contacts entre des représentants ministériels, provinciaux et organisations privées, concernant la remise en valeur des anciens canaux vu l'intérêt socio- culturel, historique et touristique. Dans beaucoup d'autres pays européens, il existe toujours ces anciennes voies de transport, entre autre en Allemagne, en Belgique, en France et en Grande Bretagne. Dans le cadre du développement d'un tourisme rural durable ces anciens canaux peuvent représenter un intérêt capital dans les régions concernées.

3.   Projet pilote: la région du Nord Ouest d'Overijssel.

Dans le nord ouest de la province d'Overÿssel, la région voisine de la Drenthe, il y a le projet des "Mille Bicyclettes". Cette région de lacs et d'anciens marais tourbeux a un grand intérêt touristique. En même temps, par sa nature, la région ne supporterait pas un flux massif de touristes. C'est pourquoi, tout un programme est offert pour que les visiteurs laissent leurs voitures dans les "transferia" aux entrées de la région et, de là, se déplacent à bicyclette, à pied, en petit bateau à moteur électrique ou en autobus public. On a accès à tous ces moyens de transport, avec suggestions d'activités au choix, en achetant un "passeport touristique".

Ce projet, qui á gagné le prix national du tourisme et de l'environnement en 1992, connaît un grand succès. Neuf organisations y ont participé, aussi bien des ministères, la province, la compagnie régionale d'autobus, le Touringclub des Pays Bas (ANWB:3.200.000 membres), et des entreprises privées. Depuis la mise en route, beaucoup d'initiatives ont vu le jour, non seulement commerciales, mais aussi bénévoles, par exemple: les Confréries d'Excursions Guidées, à pied, à bicyclette, et en barque.

Mesdames, messieurs

Bien sûr, je pourrais vous présenter tant d'autres exemples de projets pour le développement touristique durable, aux Pays Bas. Si vous voulez avoir davantage d'informations sur ce projet, ou sur d'autres; je serais heureux de vous renseigner. Sur quelques projets et les parcs nationaux, je peux vous offrir une brochure en anglais. Bien sûr, une visite sur place vous donnerait l'occasion d'en connaître les détails et de rencontrer les gens du pays dans l'ambiance locale. Donc vous êtes les bienvenus !

ANGELIKA LIEDLER,
DIRECTOR OF INTERNATIONAL TOURISM DIVISION
FEDERAL MINISTRY FOR ECONOMIC AFFAIRS, AUSTRIA

Mr. President,

Mr. Secretary General,

Ladies and Gentlemen,

I am here today representing Mrs. Pichler from the Austrian Federal Ministry for Agriculture who is unfortunately unable to participate at this very interesting Seminar.

Due to that change I am going to give you today an overview of the "Holidays on a farm - a branded product of Austrian Tourism".

First of all briefly some facts about the importance of tourism for Austria.

Austria's position on this market is quite favourable and developable. Tourism has a considerable compensatory effect on incomes at regional level, first and foremost in alpine regions, which cannot or only to a very limited extent be used for other income generating activities or branches of industry.

Tourism and the consumption of other leisure time activities offered on the market and/or the sector leisure time services with all expenses in the fields of culture, education, sports fashion and so on have become important economic factors.

The value added in tourism and leisure time equals approx. 15 % of the gross domestic product in Austria (approx. 400 billion ATS in 1994 or about 39 billion US $), thus making an essential contribution to economic stability in this country.

Austria was number 6 on the world list of foreign currency revenues from tourism in 1995. These revenues made up for approx. 8 % of the gross domestic product.

Approx. 450.000 persons are employed in the tourism industry in Austria. Some 150 000 thereof have jobs in the accommodation and restaurant business, with 40.000 being migrant workers.

In 1995 the overnights account 117.1 billion, the arrivals 24.2 billion.

In the international comparison Austria is still the most tourism intensive country worldwide with the exception of a few Island republics. In 1995 the per capita income from tourism amounted to approx. ATS 20.000.- The European average was about ATS 4.000.-. Nevertheless Austria had to adjust to losses in market shares of world tourism since 1991.

The decline in demand is to be explained by current trends, among them a desire for new destinations, for new and cheap tourism offers. The present situation is characterized by a high income elasticity in tourism expenditure plus a change in competitive conditions - above all surplus capacities in aviation and newcomers on the market.

A revival of tourism in 1996 will, in all probability, be jeopardized by the somber situation in terms of international economy - partly induced by the restrictive fiscal policy -, combined with a relatively high price level in Austria and favourable air fares.

This development could, in general, be counteracted by generating additional demand and adapting the offer. This will require coordinated measures in all tourism-relevant fields.

But economic policy, too, can and must contribute towards improving supply conditions and towards solving demand problems.

The central topics of tourism policy in Austria are the preservation of our natural resources i.e. an unspoiled landscape and a clean nature - and coming to terms with the ever growing transport volume.

The main items Austria is faced with are improving quality in order to reduce proneness to crises, increasing the value added, securing the environment capital, and expanding the information and communication systems.

The modernisation of the National Austrian Tourism Office is to be accompanied by the creation of a new image of Austria, corresponding to a modification in favour of up-to-dateness, adventure and the promotion of our cultural identity.

1. The importance of "holidays on a farm" in overall tourism in Austria

Within overall tourism in Austria, measured by the number of overnight night stays, as well as by its contribution to the gross domestic product, "holidays on a farm" play just a minor role. However, at the moment this branch of industry contributes to the maintenance of subsistence of about 10 % of all farms. According to the Green Report 1991 the extra-agricultural earned income from tourism e.g. of farms in the foothills of the Alps amounts to 11.5 % and that of farms in the highest regions of the Alps amounts to 31.6 % of the total income of these farms. The overnight stays numbered 4.3 billion in 1995. The Tyrol is, with 30%, the federal province with the highest percentage on overnights.

The income depends on the number of days in which all guest rooms of the farms are occupied, whether there are one, two or more seasons, whether the farms are situated in typical tourist areas, or in areas which are not so much exploited by tourism. Not least does the income depend on the managerial skills of the farmers and thus on the pricing of the offer.

The more difficult the situation in agriculture has become and the more difficult it has become to bring in a good income from production, the more is it necessary to search for alternatives and/or for pluriactivity.

"Holidays on a farm" is an expandable product. This does not mean that many more farms could start with this branch of industry, but it means to improve the quality of the existing supply, to increase the number of days in which the rooms are occupied, to improve the results in the early season and in the post-season and thus to increase markets.

"Holidays on a farm" are gaining more and more importance within the overall development of the tourist industry, they meet the needs of tourists and are in line with the trends within society towards "more nature" as well as the desire for a creative form of holidays.

3. Concept for objectives, marketing and organization of holidays on a farm

In order to develop the branch of industry "holidays on a farm" in Austria in a professional and businesslike way, an organization and marketing concept was worked out.

3.1. Organizational structure comprises

1. Farmers who rent rooms to holidaymakers

2. Local farm tourism organizations (in every province)

3. Provincial associations (8 provinces)

4. Federal Association for holidays on a farm

Thus they become equal partners of tourist organizations in Austria and can cooperate better with these agencies at all levels.

The Farm holidays in Austria are classifying farms with the following objectives: * to structure the offers and make them visible

- to provide for a good quality and to make sure that the guest will get what they expect * to give an incentive to farmers to improve the quality of their offers

- to make price differences more comprehensible

The categories are represented in the form of flowers. They include, apart from features of equipment (size of rooms, comfort, etc.), also aspects such as "special attractions and entertainment", ecological criteria (as e.g. waste disposal), ambience (situation of the house), state of the buildings (whether they are kept in good repair), and the obligation to offer agricultural products produced by the farmer themselves.

3.2. Guest accommodation training for farmers

As "holidays on a farm" has become an important branch of industry for about 10 % of all farms, research and education and training have become necessary.

Finally I would like to give you another example of marketing for Tourism in rural areas in Austria.

"Green Villages" in Austria

Is a group set up in 1991 that unites 24 villages that offer similar environmentally compatible and socially-oriented products.

It's a joint marketing group launched by the ANTO. This group should give additional impulse to ecological product development

The member resorts subscribe to a village model in harmony with nature and culture. That of course sets limits to tourism-induced strain and the development of tourism in general. In contrary it favors an integrated development approach, where space for living is more important than space for recreation only. There aim is to develop an ecologically and economically balanced touristic offer in typical Austrian villages, where recreation and quality of living is harmonious.

Members voluntarily accept a large number of restraints for ecological reasons, which have been cut together in a special catalogue of criteria.

What is a "Green Village"?

Irschen, in the Southern extremity of Austria close to the Italian Border, is one of the founder Villages of the association and is typical of its membership. Its population of 2,035 is heavily dependent on tourism, principally in the summer because of the popularity of the warm lakes and hill walking.

The local reservoir is filled directly from a mountain spring, its quality is officially categorised as Grade 1 and needs no purification. Water for irrigation is drawn from the river nearby. All houses are fitted with water-saving devices in the toilets and washing machines.

Eighty per cent of water heating comes from solar panels. All homes and hotels have to use thermal glass and meet very high insulation standards.

No building is allowed to be over three storeys and a balance is kept between the proportion of new and existing buildings.

Parking places around public buildings have to be a minimum of 80 meters away to keep fumes and noise out. All hotels pick up guests from railway station free of charge to encourage public transport and have to offer bicycles for hire to guests.

Motorway should be a minimum of 3 km away for all "Green Villages", there is a maximum of 4.000 vehicles a day allowed through the village and speed limits of 30kph (20mph) are enforced. There are designated cycle paths and the centre of the village should be car free zone. All streets lights are automatically turned off at midnight.

But the concept of the "Green Village" spreads further than these basic measures. In the first place, the setting of the village has to be typical of the region. Irschen is built around a church and a single-road.

All development has to be contained within the present confines of the village - for instance building a new hotel up on the hillside would not be allowed.

The surrounding landscape has to be compatible. Single crop farming is not allowed, fields of rape cannot replace the variety of crops that have traditionally been grown. Grazing fields and forests are kept under as strict a control as urban development.

There is a positive discrimination in the awarding of contracts to local craftsmen which maintains a healthy social infrastructure. The techniques of local artisans are also controlled, for instance only bees wax is used to protect exposed wood rather than synthetic varnishes. Several hotels, like the Pension Mandler in Irschen, are built totally of natural products and each room has a master switch that cuts off all power to the room so there can be no internal electro-magnetic fields.

The proportion of inhabitants to guest beds should be a minimum of 1 to 1. The association also restricts the number of second homes within a village, stipulating that second home owners should not exceed a quarter of the full-time inhabitants. At the same time to be a member of the association a village must have a minimum of 100 beds.

All tourist entertainments should also be part of the natural village life. No shows should be specially laid on just for tourists, rather the guests should take part in village activities.

Local farmers sell their product to the hotels and pensions with the aim of the village being as self-sufficient as possible. Everything from eggs and bread to meat should be produced locally - this keeps the farming community going as well as ensuring food is fresh and natural.

In Irschen even pharmaceuticals are produced locally, with herb teas, aromatic oils, creams and remedies all made from local herbs. The village organises courses to teach holidaymakers how to use herbs.

Many good examples for the successful cooperation on regional level between Tourism and Agriculture are shown in a new brochure unfortunately only available in German. These examples for cooperation all over Austria include shows and exhibitions, distribution of local products, excursion, markets, thematic round trips, party services and so on.

M. ANTONIO LOZANO
CONSEILLER MUNICIPAL DE
DÉVELOPPEMENT LOCAL
GRANDE CANARIE (ESPAGNE)

COOPÉRATION AU NIVEAU MUNICIPAL
EN VUE DU DÉVELOPPEMENT LOCAL

La commune d'Agüimes se trouve au sud-est de l'île de Grande Canarie. Nous avons une population de 18 000 habitants et 14 villages.Le plus important d'entre eux porte également le nom d'Agüimes, avec 6000 habitants et 509 ans d'histoire. La commune s'étend sur 76 km carrés et se trouve à 10 minutes de l'aéroport de l'île, et à une demie heure de sa capitale, la ville de Las Palmas de Gran Canaria, ainsi que du sud touristique.

Nos principales ressources économiques sont l'agriculture sous serres, une zone industrielle, le secteur services et surtout la proximité du sud touristique qui donne du travail à une partie de la population. Le taux de chômage s'élève malgré tout à un important 25%, dont les jeunes font la plus grande partie.

Cette situation a mené la mairie à organiser un plan de développement local dans le but de diversifier l'économie, de créer de nouveaux emplois et de maintenir la population jeune dans la zone.

En effet, depuis quelques années, les habitants du centre historique d'Agüimes se dirigent vers la zone côtière de la commune, ou bien vers le sud, ce qui fait que de nombreuses maisons d'architecture traditionnelle se trouvent abandonnées par ses propriétaires, et par conséquent dans un état de détérioration progressif.

Ces maisons, le centre historique d'Agüimes avec son église du néoclassique canarien, la beauté de sites comme Témisas ou Guayadeque, un des emplacements préhispaniques les plus importants de l'archipel, sont entre autres les ressources inexploitées que le plan municipal de développement local a tenu en compte pour créer une nouvelle activité économique dans la commune, avec le double objectif de créer des nouveaux emplois et de récupérer notre patrimoine historique: le tourisme rural.

TOURISME RURAL ET CREATION D'EMPLOI.

Le premier problème qui se pose est celui de créer un nombre d'emplois proportionnel à l'effort réalisé avec une activité comme le tourisme rural qui, dans le cadre d'une commune de 18 000 habitants, a un caractère limité, puisqu'il ne s'agit pas d'un tourisme de masse, la quantité de maisons traditionnelles à restaurer étant également restreinte. Le deuxième problème est celui du financement, puisque l'investissement à réaliser dépasse amplement les possibilités budgétaires d'une commune comme Agüimes.

Quand au premier problème qui se pose, la stratégie de création d'emploi est de former autour du tourisme rural des services qui demandent l'établissement d'entreprises locales pour leur exploitation, entreprises qui postérieurement s'ouvriront à un marché plus ample. Le tourisme rural aura été ainsi le moteur de création de ces entreprises, qui dans certains cas perdront tout lien avec lui. Tout cela se fait à travers d'un processus que nous passons à détailler et de la création par la municipalité de certains instruments.

A) Etapes:

a) Formation: Il n'est pas nécessaire d'insister ici sur l'importance du lien entre formation et création d'emploi, surtout quand, comme dans notre cas, l'intention est que la population locale participe directement dans la mise en place de l'activité économique, dans la création des entreprises et dans leur gestion.

La formation se fait fondamentalement par trois voies:

- Ecole atelier de tourisme rural: Les écoles ateliers sont des instruments de formation dirigés aux jeunes sans emploi entre 16 et 25 ans, financés à 50% par l'Institut National d'Emploi (INEM) et le Fond Social Européen et gérés par les communes. Avec une durée de deux ans, ces projets contemplent une première phase de six mois pendant laquelle les élèves prennent un premier contact avec le métier, et trois phases de six mois chacune pendant lesquelles on leur fait un contrat comme élèves- travailleurs, recevant le salaire minimum interprofessionnel.

La formation que ces élèves reçoivent va toujours liée à un projet de restauration du patrimoine historique ou environnemental que ceux-ci réalisent sous la direction de leur professeur.Il s'agit donc d'une formation essentiellement pratique qui intervient sur le milieu.

Dans le cas de l'école -atelier de tourisme rural d'Agüimes, il existe quatre modules de dix élèves chacun: menuiserie, restauration environnementale, maçonnerie et guides de tourisme rural. Pendant que les maçons et les menuisiers agissent sur des édifices publics qui formeront partie du produit touristique (Une maison de quatre chambres, une vieille étable qui servira de restaurant et l'ancien palais des évêques qui sera converti en musée artisanal), les élèves du cours de restauration environnementale récupèrent les anciens sentiers de la commune et ceux du module de guides se préparent pour les exploiter avec l'organisation d'excursions à pied.

- Cours de formation occupationnelle: il s'agit de cours organisés par la mairie avec le financement de l'Institut Canarien de Formation et Emploi (ICFEM). Moniteur d'équitation, anglais et allemand touristiques, animateur socio-culturel sont quelques exemples de cours qui se font à Agüimes dans le cadre du Plan de Développement Local.

- Cours d'économie sociale: il s'agit de cours destinés à la formation des jeunes qui vont former leurs propres entreprises pour exploiter les services créés par le plan de développement local.

b) Création de l'infrastructure hôtelière: L'infrastructure des logements touristiques a commencé a être créée une fois finie la première école -atelier d'Agüimes, qui était une école de restauration de bâtiments d'architecture traditionnelle. Une bonne partie des élèves ont été embauchés, une fois finis leurs deux ans de formation, pour la récupération du bâtiment de l'ancienne mairie, un édifice du dix-neuvième siècle, et sa conversion en un petit hôtel rural de six chambres, avec restaurant. Tout le mobilier a été également fabriqué par les anciens élèves de l'école atelier, suivant des modèles traditionnels. Cette première phase a été témoin également de la restauration d'une petite maison du dix-huitième.

Actuellement, une autre maison, une des plus belles et anciennes d'Agüimes (dix-septième siècle), se trouve également en restauration, et sera bientôt le deuxième hôtel rural de la ville, avec 12 chambres et un restaurant.

Les travaux de récupération de deux autres maisons son également sur le point de voir sa fin, ainsi que ceux d'une ancienne étable, futur restaurant de gastronomie canarienne. Les meubles de tous ces bâtiments sont également fabriqués par les anciens élèves de l'école atelier.

Il s'agit là d'une première phase de création de l'infrastructure de logements ruraux, qui continue avec la prochaine restauration de trois autres maisons. L'objectif est que cette phase produise un effet multiplicateur qui encourage d'autres propriétaires à utiliser leurs vieilles maisons, actuellement inhabitées, comme gîtes ruraux.

c) Création du programme d'activités complémentaires: Il est évidemment nécessaire d'offrir aux touristes qui nous visitent la possibilité de jouir d'activités de loisir, qui d'autre part, vont configurer une partie des services qui seront mis en exploitation par les entreprises formées par des jeunes d'Agüimes, créant ainsi des nouveaux emplois. Ce programme est constitué actuellement par les activités suivantes:

- Cours d'espagnol pour étrangers, étant inclus notre centre dans le réseau international "Tandem".

- Promenades à pied par les sentiers de Guayadeque ou Temisas, sîtes qui jouissent d'intéressantes connotations archéologiques et botaniques. Ces promenades sont guidées par les jeunes formés à l'école atelier.

- Promenades à cheval et cours d'équitation.

- Promenades guidées en bicyclette et location de bicyclettes.

- Sports nautiques, dans la zone côtière de la commune.

- Escalade.

- Cours de sports autochtones (jeu du bâton et saut du berger).

d) Création d'entreprises locales: C'est l'objectif principal du plan de développement local, et le tourisme rural le moyen principal pour y arriver. Toutes les étapes antérieures sont liées à cet objectif. Comme nous disions au début, le tourisme rural ne va créer directement qu'un nombre réduit d'emplois, mais sera le moteur de démarrage des entreprises locales qui s'ouvriront à un marché plus ample. Illustrons cette stratégie avec un exemple réel: un groupe de jeunes d'Agüimes ont reçu une formation comme menuisiers pendant deux ans à l'école atelier de restauration du patrimoine historique. Une fois finie leur formation, la plupart d'entre eux ont été embauchés par l'entreprise municipale "Tourisme Rural d'Agüimes SL", dont nous parlerons plus tard, pour fabriquer les meubles de l'hôtel et des autres gîtes ruraux. Ils eurent ainsi une première expérience professionnelle, avec des résultats excellents. Parallèlement, ils reçoivent des cours de gestion de coopératives et de contabilité. Actuellement, cinq d'entre sont en train de créer leur propre coopérative de fabrication de meubles traditionnaux, genre de mobilier qui ne se fabrique pas dans l'île. Le plan de tourisme rural a servi pour qu'il fassent leurs premiers travaux, mais sous peu leur clientèle ne sera plus liée au tourisme, car ils situerons leur produit dans le marché canarien, où une étude de viabilité réalisée par l'agence de développement local annonce de bons résultats.

Autre exemple: une coopérative d'entretien technique créée pour servir les installations touristiques mais qui amplifie son champ d'action et par conséquent sa rentabilité économique grâce à un contrat avec la mairie pour l'entretien technique des installations municipales (écoles, maisons de culture, centres sociaux, etc.) et son ouverture à la population en général qui, normalement a chez nous de grandes difficultés pour trouver un maçon, un menuisier, un peintre, pour les réparations domestiques. Il en est de même pour une entreprise de nettoyage, qui a déjà été constituée.

Actuellement, deux autres entreprises établies en suivant ce modèle fonctionnent également: sports nautiques et promenades-location de bicyclettes. D'une part, elles complètent l'offre de loisir pour le produit touristique d'Agüimes, mais à quelques kilomètres elles ont un marché de millions de touristes par an à qui offrir leurs activités, touristes qui en nombre important acceptent volontiers de sortir de l'ambiance massifiée des plages du sud de l'île.

INSTRUMENTS MUNICIPAUX POUR LA VIABILITE DU PLAN DE TOURISME RURAL:

La réalisation du plan de développement local d'Agüimes a exigé de la municipalité l'établissement de certains instruments qui le fassent possible:

a) Agence de développement local: C'est un instrument fondamental pour assurer la coordination des actions dirigées à la formation et la création d'emploi. L'agence se charge du processus de formation que nous venons de décrire, et quand au plan de tourisme rural, a les suivantes responsabilités:

- détecter les ressources inexploitées, et concrètement les maisons inhabitées susceptibles d'être converties en gîtes ruraux.

- élaboration des projets pour l'obtention de subventions à la restauration.

- bourse d'emploi avec les anciens élèves des écoles atelier et autres professionnels de la commune en situation de chômage.

- assistance technique à l'élaboration de projets de création des entreprises locales.

- assistance aux entreprises locales pour l'obtention de subventions.

- présentation de projets à l'Union Européenne et gestion de ceux ci.

b) Entreprise municipale "Tourisme Rural d'Agüimes SL": la création d'un produit touristique où les agents locaux sont les protagonistes exige la mise en place parallèle de mécanismes de promotion et de commercialisation de ce produit. Il est en effet inutile de convaincre les propriétaires de maisons de faire l'effort de les restaurer pour en obtenir une rente complémentaire si en même temps on ne lui offre pas les moyens d'attirer les touristes qui vont l'utiliser.

Pour affronter cette situation, la municipalité d'Agüimes a créé en 1993 une entreprise municipale avec plusieurs fonctions:

- l'élaboration d'un produit global de tourisme rural, intégré par une offre de logements de qualité et un programme d'activités complémentaires ajustée aux demandes de ce secteur touristique et au caractère rural de la culture locale.

- tenir compte de ressources patrimoniales mises en valeur par l'action de l'agence de développement local afin de les intégrer au produit touristique.

- entreprendre des actions de promotion et commercialisation de ce produit touristique.

- entreprendre la restauration des bâtiments à convertir en logements ruraux ainsi que du mobilier, en embauchant pour cela les travailleurs provenant de la bourse de travail de l'agence de développement local.

- contrôler strictement la qualité de tous les éléments du produit.

- configurer de nouveaux produits en combinant les différents éléments susceptibles d'être convertis en ressources touristiques.

Comme il est facile de voir, le travail de l'ADL et celui de l'entreprise municipale doivent être en coordination permanente. Celle ci ne doit pas être une entreprise dont le but soit accaparer les services qui s'incorporent au projet. Son but principal est de faire démarrer la nouvelle activité économique et celle d'intégrer la population locale au projet à travers d'entreprises, projets d'animation, etc. En fait, des représentants des différents secteurs (propriétaires, entrepreneurs locaux, etc..) sont représentés dans le conseil d'administration.

c) création d'un fond municipal de subvention du coût de l'aval: La création d'entreprises formées par la population locale trouve souvent l'inconvénient de l'obtention de crédits qui permettent leur établissement, ainsi que de l'obtention de l'aval nécessaire pour accéder à ce crédit. La municipalité a signé un accord avec une entreprise semi-publique de garantie réciproque selon lequel celle ci accorde l'aval nécessaire pour chaque entreprise formée à Agüimes et considérée viable. La municipalité paye le coût de l'aval et dans certains cas, subventionne également un ou deux points du taux d'intérêt. L'entreprise de garantie réciproque gestionne également la subvention d'une partie du taux d'intérêt du crédit sollicité par les entreprises locales, qui peuvent voir celui ci réduit jusqu'à un cinq et demi pour cent.

d) pépinière d'entreprises: actuellement en construction, ce projet doit permettre aux entreprises locales d'accéder à un local pendant sa première année d'existence, afin de faciliter son démarrage, et de mieux s'intégrer au processus de développement local municipal.

e) avantages fiscaux: la municipalité a accordé certains avantages fiscaux pour les petites entreprises qui s'installent dans le centre historique d'Agüimes, tels qu'une réduction de 90% sur la licence d'ouverture, ainsi que sur celle de construction. D'autre part, les propriétaires de maisons traditionnelles qui veuillent les convertir en logements touristiques sont exempts de la licence de construction, tandis que le projet technique de restauration et le suivi des travaux est réalisé gratuitement par la municipalité d'Agüimes.

FINANCEMENT DES ACTIONS POUR LA PROMOTION DU TOURISME RURAL

Le deuxième problème que nous signalions au début de notre exposition est celui du financement de ces actions, trop coûteuses pour être assumées par une petite commune. Il est donc nécessaire de faire appel à un financement externe, via la présentation de projets. Le financement des projets d'Agüimes a de différentes provenances:

- les écoles atelier, comme il a été dit, sont financées par l'INEM et le FSE, tandis que les cours de formation occupationnelle le sont par l'ICFEM.

- la restauration des immeubles et la fabrication du mobilier reçoivent une subvention du département de tourisme du gouvernement autonome des Canaries. Cette subvention procède des fonds REGIS de l'Union Européenne et couvre une partie du montant global qui en théorie peut aller jusqu'au 50%, mais qui en réalité ne dépasse pas le 30%. Le reste du coût de la restauration est couvert par le propriétaire qui, en recevant la subvention à fonds perdu s'oblige à maintenir pendant dix ans sa maison comme établissement de tourisme rural.

- Dans le cas des bâtiments municipaux, tels que l'ancienne mairie convertie en hôtel rural, la part que la municipalité devait apporter pour compléter le montant total de la restauration a été obtenue a travers des mesures du gouvernement des Canaries pour lutter contre le chômage qui consistent en l'apport du 75% du coût des contrats d'un nombre déterminé de travailleurs pour la réalisation de projets qui facilitent la création d'emplois stables.

- il existe également des subventions aux entreprises d'économie sociale dont peuvent bénéficier les entreprises locales, à travers la réalisation de projets rédigés par l'ADL d'Agüimes.

- le plan de tourisme rural d'Agüimes compte également avec le financement d'un projet présenté par la municipalité dans le cadre du programme PACTE. Nous passons ainsi à parler, finalement, des actions entreprises pour la commercialisation de notre produit touristique.

COMMERCIALISATION DU TOURISME RURAL:

Les canaux de commercialisation de notre produit touristique sont divers:

- commercialisation à travers des tours-opérateurs spécialisés.

- commercialisation directe dans le marché canarien, à travers des annonces en presse et autres, et la présence du produit dans les agences de voyage.

- commercialisation directe à l'extérieur à travers d'un mailing formé par universités populaires, associations culturelles et écologistes, etc...

- commercialisation par la formation de réseaux: il s'agit de former des réseaux entre responsables de projets de tourisme rural afin de promouvoir ensemble nos produits et de les vendre, également dans un effort commun. Actuellement, Agüimes se trouve dans trois réseaux:

1.   ACANTUR est l'association canarienne de Tourisme rural, où est représenté 80% de l'offre actuelle. L'intention est de réaliser des projets de promotion en commun,tels que guides, affiches, etc, ainsi que d'unifier les critères sur le tourisme rural aux Canaries. Quand à la commercialisation, chaque association insulaire vendra dans son île le produit de toutes les autres.

- TANDEM est un réseau de cours de langues pour étrangers, qui est présent actuellement en Allemagne, Espagne, France, Italie, Canada, Angleterre, Irlande et Brésil. Chaque centre Tandem reçoit des demandes d'inscription faites dans les centres des autres pays. Puisque les cours se vendent avec logement, c'est une voie de commercialisation des logements touristiques.

- Le programme PACTE que la municipalité d'Agüimes présenta et fut accepté par l'Union Européenne se dénomine "Tourisme Rural et développement insulaire". Il s'agit d'un programme d'échange d'expériences dans lequel participent comme partenaires les îles de La Palma (Canaries), Cefalonia (Grèce), Madère (Portugal) et Sardaigne (Italie). Le résultat principal du programme est la création du réseau "Archipélagos" et d'un produit touristique basé sur cinq sujets différents (un par île), vendu de façon commune sous le signe de la ruralité et l'insularité. Un dépliant et une affiche ont été créés, et une liste de 20 foires internationales de tourisme où ce matériel sera présent a été établie.La commercialisation de ce produit commun se fera également par plusieurs voies, entre autres à travers le projet Eco Direct, via Internet.

Tous ces éléments qui conforment la stratégie de création d'emploi par le tourisme rural dans la commune d'Agüimes se font dans le cadre d'une conception de cette activité qui tient compte de certains principes fondamentaux: l'intégration de la population locale dans ce processus, dans lequel propriétaires, associations culturelles et écologistes, artisans, agriculteurs, entrepreneurs locaux ont leur mot à dire, le respect pour le patrimoine historique et environnemental, la sauvegarde des traditions et de la culture locale, la récupération des métiers traditionnels. Nous sommes convaincus que le tourisme rural peut être une voie adéquate pour la création d'emploi, pour la diversification de nos économies rurales, et que la commune représente un espace idéal pour le promouvoir.

PROF. DR. BÜLENT A. HIMMETOGLU
BOGAZICI UNIVERSITY
APPLIED TOURISM ADMINISTRATION
AND RESEARCH CENTER (ATARC)
TURKEY - ISTANBUL

ANALYSIS OF READINESS FOR TOURISM ACTIVITIES OF THE BLACK SEA COASTAL ZONE OF TURKEY

Tourism is different from other industries in many ways. Especially when it comes to the nature of the product. Most other products are produced more for the satisfaction of the consumer, whereas in tourism, the satisfaction of the individual producers is as important as the consumers'. While the consumer wishes to visit new places and enjoy the resources of those destinations, the hosts wish to benefit from these visits, maintain their preferred lifestyles and protect their shared values (culture).

Visitor needs = Host Preferences

Need - preference relationship is face-to-face and simultaneously experienced.

It is very important that the host, before the interactions takes place, is informed, acknowledged and prepared for the arrival of the visitor.

Visiting a destination is very much like visiting someone's private territory i.e. home. The local folk-ways are extremely important in tourism. Actually this is the delicate side of the experience and should be handled with sensitivity and care. Otherwise, unplanned, unexpected and unwanted results are inevitable This unwanted result may in return, spoil the quality of the product and its usage.

Visitor needs = Product = Host Preferences

Humanizing the tourism activity is a crucial issue of our time. "Sensitive Tourism" should take the place of "Industrialized Tourism".

Such an understanding has long ago been ruined for urban tourism. But rural tourism has still some chance for this human interaction to be humanized.

This paper carries the intention of re-proposing a humanizing process for tourism product.

Rauhe, W.J. (Michigan State University) points out the need to "empower" citizens in tourism activities, starting from planning phase, he states that "all too often, the end result is a tourism attraction that stands off by itself, and has little if any real day to day connection or interaction with its environmental and human context except for the flow of tourists, employees, and the goods and services necessary to make it work." There is still the question of "how do we live with it?"[1]

---

1 Rauhe, Warren J. "Soft Tourism: Empowering the Citizens for Community Sustainability", ARCHITECTURE OF SOFT TOURISM, Seminar Proceedings Yildiz University, 1992, Istanbul, p. 27-36.

Process of Humanizing the Tourism Product

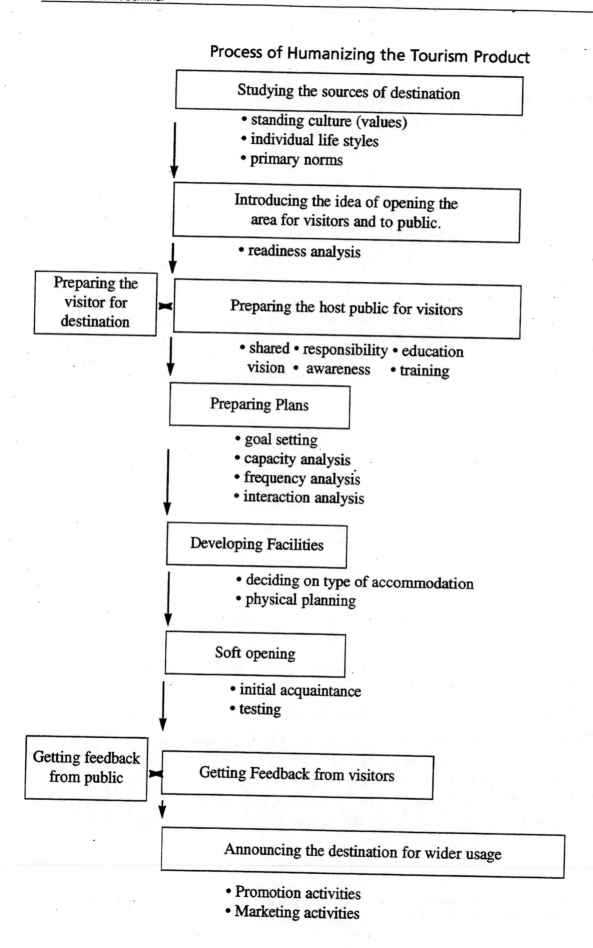

Studying the sources of destination

- standing culture (values)
- individual life styles
- primary norms

Introducing the idea of opening the area for visitors and to public.

- readiness analysis

Preparing the visitor for destination

Preparing the host public for visitors

- shared • responsibility • education
  vision • awareness • training

Preparing Plans

- goal setting
- capacity analysis
- frequency analysis
- interaction analysis

Developing Facilities

- deciding on type of accommodation
- physical planning

Soft opening

- initial acquaintance
- testing

Getting feedback from public

Getting Feedback from visitors

Announcing the destination for wider usage

- Promotion activities
- Marketing activities

2. RESULTS OF SOME FIELD STUDIES, ON EVALUATING THE READINESS FOR TOURISM ACTIVITIES

The author has taken part in various local-level field studies, aiming to investigate the social readiness of citizens for tourism activities in the Northern part of Turkey, namely the Black Sea Region, in the last 5 years. The mentioned area is quite suitable for various types of activity tourism and special interest tourism Trekking, mountaineering, skiing, cycling, rafting, are some examples of activities that can be subject to domestic and international tourism.

The first attempts to start the readiness analysis for tourism has started in 1990 with the pioneering studies of a cross professional group including sociologists, social psychologists, city planners, architects, economists. The group has been brought together by the local authorities, in the city of Ordu and Zonguldak.

When the first tour of interviews with the public were completed, it was found that there was a slight hesitation about tourism.[2]

After receiving the results shown on Table 1, the Mayor of the city has organized public awareness developing and educating seminars and workshops for the public. Following these seminars, and workshops, another set of interviews were carried out. The results showed significant changes in the negative perceptions of the local community towards tourism, i.e. "Tourism is harmful" attitude dropped down to 8% from 19%. Similarly, investment interests rose to 36% from 22%.

Table 1: Perceptions About Tourism in ORDU

Comments	f	%
"Tourism is Useful"	106	.81
"Tourism is harmful"	24	.19
"Ordu should receive domestic tourism"	9	.06
"Ordu should receive international tourism"	22	.16
"There should be no tourism in Ordu"	8	.06
"I think of involving in tourism through an economic activity or investment	24	.22
"I have no intention of involving in tourism by an economic activity or investment"	83	.78
"I would approve of a family member working in tourism establishments"	103	.81
"I wouldn't approve of someone in my family working in tourism"	24	.19
"I think having new hotels in this city is necessary"	118	.92
"I don't approve of the idea of having more hotels in this city"	11	.08

2 Himmetoglu, Bülent: "Ordu Ilinin Turizm Imkanlari", Ordu Ilinin Kalkinmasinda Turizmin Yeri, Iktisadi Arastirmalar Vakfi, 1990, s.25-44.

When the whole readiness analysis project was completed, the local community reached a consensus on keeping tourism on the coast and preserving the traditional life styles & agricultural activities in the rural sections and highlands.[3]

Another study on analyzing the readiness for tourism was carried on in the eastern end of the Black Sea Coast, at TRABZON, in 1993[4] In this study people living in the rural sections of the city were interviewed. Main points of interest were on how the local population perceives tourism, participation in tourism activities, awareness of social values and physical resources. This area has been included in the tourism development plans by the Ministry of Tourism.

Some of the results of this study are as follows:

- 3.3% OF THE LOCAL POPULATION IS AWARE OF THE PHYSICAL PLAN OF THEIR AREA.

- 40% OF THE GROUP DOES NOT APPROVE THE PLAN. THEIR REASONS ARE:

  - NEW ROADS THAT WILL BE BUILT, WILL DAMAGE AGRICULTURE AND ANIMAL BREEDING AS WELL AS RUINING THEIR PEACE & TRANQUILITY (80%)

- 100% OF LOCAL POPULATION STATED THAT THEY WOULD GO AND SEE THE PLAN WHEN IT IS OFFICIALLY ANNOUNCED FOR THEIR APPROVAL, AT TOWN HALL.

- 93% OF LOCAL THE POPULATION STATED THAT THEY WOULD RAISE OFFICIAL OBJECTIONS IF THE PLAN DID NOT SUIT THEIR PREFERENCES & CHOICES.

- 76.7% OF THE SAMPLED POPULATION HAS NO INCOME FROM TOURISM.

- 83.3% DON'T WANT TO SELL THEIR LAND.

- 13.3% HAS NO INTENTION OF PARTICIPATING IN TOURISM RELATED ECONOMIC ACTIVITIES.

Reasons Are:

- animal breeding is the preferred economic activity;

- no need for more income.

This group has expressed no direct negative attitudes towards tourism.

- 40% has stated no serious intention of starting a bed/breakfast operation. The reasons are:

  "I don't know how to run it." 43%

  "I prefer to use my land for agriculture." 28%

  "Wouldn't bring money." 14.2%

---

3 Ordu ilinin Kalkinmasinda Turizmin Yeri, Iktisadi Arsaurmalar Vakfi, 1990, Istanbul.

4 Ozturk, Funda, Trabzon Uzungol de Yasayan Yetiskinlerin Turizm Amacli Fiziksel Plan Kararlarna Kaulim Konunsundaki Düsünceleri. Yildiz Teknik Universitesi, Istanbul, 1993.

- The group which approves the idea of using their house partially as a b/b operation stated some discomforting feelings, and states, about sharing territory: i.e.

"I wouldn't prefer to use the same entrance door"	23.5%
"I wouldn't use the same toilet"	15.7%
"I prefer that tourists eat elsewhere"	13.7%
"I don't mind cleaning guest rooms"	19.6%
"I prefer to build another kitchen for guests, they can eat there"	13.7%
"I prefer to separate the guest room from my family's"	7.8%
"I can't accept visitors in the house without making changes to it"	92.9%
reasons "no extra toilet"	61.5%
"not enough space"	38.5%
"my house is only big enough for me"	85.8%
"I can't live in the same house with strangers"	14.2%

- 70 % of the residents state their disapproval for new buildings

- Residents have the same complaints about visitors to the area:

"We don't want them to picnic on meadows"	17.9%
"They leave their garbage behind"	8.9%
"They drink (alcoholic beverages)"	30.4%
"They drive fast"	8.9%
"They don't dress properly"	14.3%

- Types of visitors not wanted:

Unmarried 57.9%

Drinkers 36.8%

Conclusion:

The results of studies clearly do show that the readiness level of residents for tourism is important. Sensitivity to the ideas, values and preferences should be at the top of the agenda before any operation and facility is developed for a rural area, and above all before an area is opened for tourism.

MARIA STOIAN
A.N.T.R.E.C.- ROUMANIE, ASSOCIATION NATIONALE DU TOURISME RURAL, ECOLOGIQUE ET CULTUREL

LE TOURISME RURAL

Le tourisme rural, l'agrotourisme, le tourisme vert, l'écotourisme sont des notions diverses qui définissent une activité qui a pris des proportions vastes en Europe, en Amérique, en Australie. Dépassant de plus de 40 ans sa tradition dans l'Europe de l'ouest, le tourisme rural est devenu une véritable industrie dans des pays comme la France, l'Allemagne, l'Autriche, la Suisse. En Roumanie il a débuté concrètement sous une forme organisée après les années '90. Jusqu'au 1974, on a vu pratiquer, par intermittence, l'usance de louer les demeures homologuées aux citoyens mais, malheureusement, les derniers décennies, ce type de tourisme fut pratiquement ignoré, dû à l'interdiction de loger des citoyens étrangers dans des maisons.

Déséquilibré, parfois marginalisé, l'espace rural roumain a conservé les traditions culturelles, les coutumes ancestrales et surtout l'hospitalité proverbiale de ce pays, malgré les vicissitudes de l'époque. Nous vivons dans une société urbanisée qui ne rêve qu'à passer ses vacances en plein air, à la campagne. Plus d'une moitié des habitants des villes aimerait bien avoir une maison loin de la cité bondée et extrêmement polluée du point de vue chimique et phonique.

Après 1989, une notion tout à fait nouvelle du tourisme est apparue en Roumanie, plus proche de l'homme, c'est-à-dire le tourisme rural, écologique et culturel. Les premières maisons enregistrées dans le réseau du tourisme rural ont été celles de la région Rucar-Bran-Moeciu (la région montagneuse du département du Brasov). Ensuite, dans un rythme plus rapide que l'on avait prévu, le tourisme rural a commencé être apprécié davantage. Les touristes roumains, tout comme ceux qui viennent de l'étranger choisissent les maisons rustiques de Bran, Sapanta, Vatra Dornei, Albac, Dolj, Covasna, Sibiu, Dobrogea, pour passer leurs vacances. Le logement est assuré dans les maisons propres, dont l'ameublement est fonctionnel mais qui conservent le spécifique de la région. Les menus abondants préparés avec des produits autochtones, point chimiques, ainsi que les coûts bien inférieurs à ceux pratiqués dans les grands hôtels, voici ce qui est de plus attrayant pour les clients de plus en plus nombreux. Mais le tourisme rural ne représente pas seulement une curiosité pour les adeptes des vacances luxueuses mais bien un palliatif pour les gens moins riches. Des jeunes, aussi bien comme des gens plus âgés, des travailleurs ou des universitaires désirant respirer l'air pur, boire de l'eau fraîche directement de la source et assister à la traite des moutons et à la fabrication du fromage roumain, la gruyère fumée, tous choisissent aujourd'hui le tourisme rural.

Tout en développant cette nouvelle activité économique dans les villages, on peut arrêter la migration de la population vers les grands centres industriels. C'est ainsi que les paysans assurent leurs postes de travail sans s'éloigner de leurs maisons. Le tourisme rural, écologique et culturel est considéré comme un moyen exceptionnel d'animation pour les gens de la campagne aussi que pour la protection de l'environnement, tellement agressé de nos jours. On sait bien que la pauvreté est une cause de la dégradation de l'espace naturel. Tout en gagnant l'argent du tourisme, les villageois auront la possibilité d'aménager leurs maisons de la façon qu'ils puissent utiliser le gas naturel ou les formes d'énergie non conventionnelles, si nécessaires pour le chauffage et la préparation de la nourriture. Ils ne vont plus se jeter contre les forêts pour les piller en vue de se procurer le bois pour se chauffer. D'autre part, on n'a pas besoin de bâtir des hôtels en détruisant des terrains agricoles ou des espaces verts et agrandir ainsi les gîtes. Le tourisme rural est et doit être écologique parce que c'est bien le moment où l'empoisonnement et la destruction de la nature doivent cesser, tout comme l'exploitation irresponsable de l'homme. Dans ce contexte aussi, un tourisme "vert" soutenu par un programme très vaste d'instruction, éducation et sensibilisation de l'opinion publique envers la souffrance de l'environnement, n'est que bienvenu.

L'aspect culturel est important aussi parce qu'en général, le touriste comme habitant d'une ville impersonnelle, en béton, n'attend que seulement des services de location et pensions conventionnelles. Dans la région où il passe ses vacances, il veut bien retrouver la beauté inépuisable de la nature et de plus se familiariser avec le spécifique de cet univers: connaître l'histoire, les traditions, le folklore de la région. Et tous ceux-là représentent la culture folklorique!

La préservation du patrimoine qui appartient aux roumains et aux minorités ethniques à la fois, du spécifique et de la personnalité de notre village, de tout ce qui fut pratiquement détruit dans plusieurs coins du monde dû à l'ignorance et à la modernisation très rapide, représentent un potentiel touristique exceptionnel en nous conférant l'unicité dans le cadre de tourisme européen. De plus, nous pensons, il est aussi un véritable patrimoine national qui doit être protégé.

En tant que soutien important pour le développement des communautés rurales relativement défavorisées du point de vue social, économique et culturel, le tourisme rural comme profession peut représenter une alternative attrayante pour beaucoup des jeunes de cette communauté. En vue de promouvoir l'initiative privée en Roumanie, le Ministère du Tourisme a élaboré la loi pour garantir des facilités aux gens qui pratiquant le tourisme sous la forme des pensions ou des fermes agrotouristiques. Cette loi est appréciée comme un stimulent pour ceux qui veulent se dédier à cette occupation. Conformément à la Loi 145 / 1994 selon la garantie des facilités pour le développement du tourisme rural dans les zones de montagne, la côté de la Mer Noire et le Delta du Danube, les personnes et les associations familiales (autorisées) qui déploient des activités touristiques dans des pensions ou des fermes agrotouristiques peuvent bénéficier de dispense de paiement des taxes pour une dizaine d'années; les mêmes facilités sont accordées aux petites et moyennes entreprises même si elles ne comptent pas le nombre des employés et le revenu nécessaire.

Le slogan utilisé par le Ministère du Tourisme en vue de promouvoir l'offre touristique de la Roumanie: "ARRIVER COMME TOURISTE, PARTIR COMME AMI!" s'accorde le mieux avec la campagne tout au milieu de la nature. C'est pourquoi j'espère que l'espace rural roumain gagne davantage les touristes; parce que nous voulons avoir des amis, de plus en plus.

DR. ALIZA FLEISCHER[1] AND
JOSSEF ENGEL[2]

TOURISM INCUBATORS
A SUPPORT SCHEME FOR RURAL TOURISM IN ISRAEL

Introduction

Rural tourism has become an important and, in some cases, a dominant factor in the rural economy of western economies.(Robinson, 1990). A key concept associated with rural tourism and recreation is the country vacation The country vacation is defined by the Alberta Tourism and Small Business Administration (1980) as "a vacation or a holiday in which a vacationer occupies a large portion of his time engaged in recreational activities on a farm, ranch or country home and its environs. It is also a commercial venture for a country vacation host who opens his home and/or property to paying guests so that they may enjoy recreational activities in a predominantly rural environment". Gilbert and Tung (1990) gave a similar definition. A major element of rural tourism is the Bed & Breakfast and self catering units (Dernoi,1983). Typically, rural tourism enterprises are small scale, traditionally operated, relatively geographically isolated and their individuality gives them a sense of place (Clarke, 1995).

The decline in the ability of farm agriculture to generate sufficient income has caused many farmers to seek new sources of income and for the diversification of the agriculture base (Commission of the European Communities, 1992). In a study conducted in England, it was found that rural tourism businesses have an important role in diversifying the income of the farm and thus strengthening and stabilizing the rural economic base especially where occupation in agriculture is declining (Rickard, 1983).

Dernoi (1983) claims that the increase in rural tourism also comes from the demand side. He cites an OECD (Organisation for Economic Co-operation and Development) report which found that increase in income and leisure creates an increase and diversification in the demand for tourism. This phenomenon of increase also manifests itself in the demand for rural tourism as reported by other authors (Albright,1991; Thibal, 1998; Council of Europe, 1989).

In some countries, the initiative for developing rural tourism was taken by the government. In the 1950's, the French government initiated the "Gîtes Ruraux" project to slow down migration of the rural population to urban centers. Support was given to farmers to renovate their un-utilized farm buildings into B&B units. In the rural regions of England, the government invested in the development of parks and castles as an infrastructure for rural tourism and also gave financial support to farmers to develop tourism units (Robinson, 1990). In other countries such as Germany, Austria and Norway a bottom-up type of development occurred, but government and non government organizations provided support in different ways. The increase in rural tourism was, in

1 Development Study Center, PO.Box 2355, Rehovot, Israel Tel:+972-8-9474111 Fax:+972-8-9475884

2 Ministry of Tourism, 24 King George St., Jerusalem, Israel. Tel:+972-2-754282 Fax +972 2-241870

many cases, supported by national and local organizations (Pearce, 1990; Stevens, 1990, Kieselbach and Long, 1990, Johnstone, Nicholson, Stone and Taylor, 1990, Paynter, 1990).

However, vacationers not only sleep in the rural areas, they also engage in recreational activities and shop in local stores. thus when the multiplier effect is taken into consideration, the contribution to the local economy extends far beyond that of the farm household. A survey of four regions in England (ETB, 1991) showed that the larger the number of farm tourism businesses with local ownership, the greater the economic impact on the local economy.

The rural tourism type of activities began to take off in Israel towards the end of the 80's (Fleischer et.al. 1991,1993). Until then residents of the rural settlements in Israel were engaged mainly in agricultural activities. Real income in agriculture was declining and as a result many farmers began looking for alternative sources of income. This need for a new income source brought many rural settlements to turn to other types of activities including tourism.

With the establishment of small tourism businesses in rural settlements, the Government of Israel recognized the importance of rural tourism as an alternative form of economic activity, and developed several support schemes for the rural tourism entrepreneur (see Chart I). Thus initiative of the entrepreneurial level brought forth the involvement of the government, similar to that of Germany, Norway and Austria.

Description of the product "rural tourism" in Israel

Rural tourism in Israel is based on natural amenities and the rural way of life. Accommodations are the B&B operations in the different types of rural settlements. Local restaurants offer a range of cuisines from vegetarian food to ethnic home style cooking typical activities include nature walks, horse back riding, water activities, flora and fauna watching, and music and dance festivals (Fleischer et. al., 1993; Fleischer, 1993).

No data exists describing the development of the whole product called rural tourism in Israel with all its elements. This has been due to the difficulty in collecting data on all the components of the product. However, there is data available on the B&B operations. This data is useful because it reflects the development of the whole product. The B&B operations can be looked upon as the leading component of rural tourism, and to which other activities developed in response.

The number of businesses increased from 64 in 1986 to 444 in 1994 (see Chart 2). Other entrepreneurs responded accordingly, establishing restaurants and different types of tourism and recreation attractions. Most of the businesses established were small, on the average employing 2-3 people. The entrepreneurs usually had neither background nor knowledge in running a business in general, or a tourism business in particular, most of them were farmers, service workers in rural cooperatives or hired employees.

A full census of all the B&B units in Israel was conducted in the summer of 1994 (Fleischer et.al. 1994)

From an expenditure survey of the visitors in the B&B in the 1994 season (Fleischer et.al. 1994) it was found that for each dollar spent directly on B&B accommodation another dollar was spent directly on other attractions and businesses, not all of them pure tourism businesses. Adding the multiplier effect, which was estimated by an input-output model, the total turnover of the B&B which was estimated to be $18 million, generates additional $66 million most of which stays in the peripheral areas but not necessarily in the tourism business. This strengthens our earlier statement that the B&B is only one element in the total product called rural tourism and it is this tourism product which enhances the whole regional economy.

CHART 1

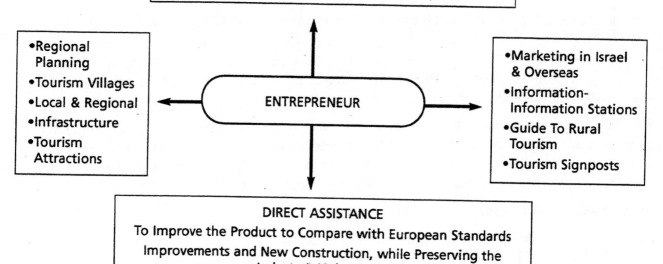

PROFESSIONAL TRAINING
Individual Counseling ("Tourism Incubators")
Professional Courses (Regional Colleges)
Surveys- Follow-up on Developments in the Industry
and its Influence on Tourism and the Population

- Regional Planning
- Tourism Villages
- Local & Regional
- Infrastructure
- Tourism Attractions

ENTREPRENEUR

- Marketing in Israel & Overseas
- Information-Information Stations
- Guide To Rural Tourism
- Tourism Signposts

DIRECT ASSISTANCE
To Improve the Product to Compare with European Standards
Improvements and New Construction, while Preserving the
Industry's Uniqueness

CHART 2: Growth chart of the B&B Operations

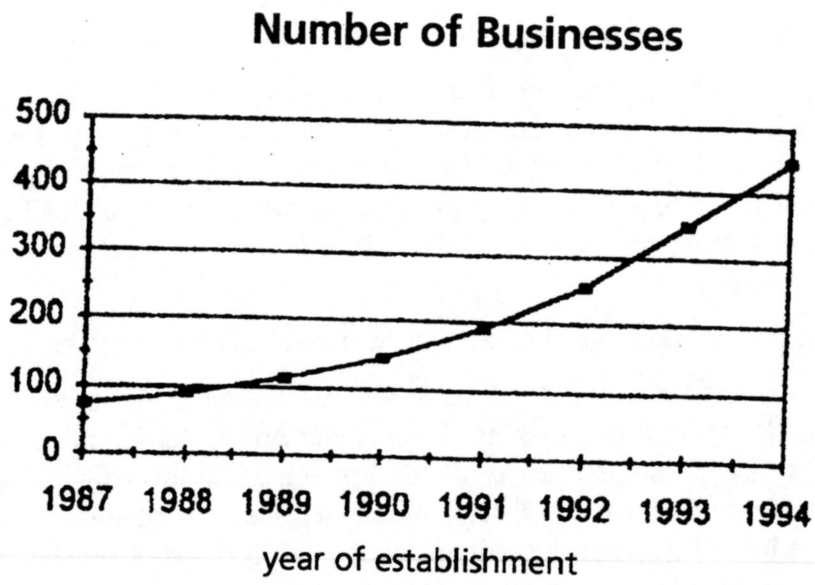

Number of Businesses

year of establishment

(x-axis: 1987, 1988, 1989, 1990, 1991, 1992, 1993, 1994)
(y-axis: 0, 100, 200, 300, 400, 500)

In 1992, five years after the "take off" year, rural entrepreneurs realized they were confronting different barriers and constraints, primarily relating to know-how and professional skills in operating a small tourism business, as well as scarcity of credit, lack of experience in preparing project proposals for presentation to banks and other sources of credit, lack of managerial and marketing skills, lack of suitable infrastructure and proper planning in the rural settlement for the development of tourism.

As the demand for rural tourism exceeded the supply in the season (Fleischer et. al. 1993), more residents of rural areas wanted to open their own businesses, creating a need for training and advisory services. As a result the Israeli Ministry of Tourism in cooperation with other national, local and non-governmental organizations established "Tourism Incubators" or Centers for Tourism Training and Counseling. The objective was to provide existing and potential entrepreneurs with a range of services to help them start or expand their businesses, or to prevent their closing. Since most of the entrepreneurs are in their mid life pursuing a second career training should be at the local level and easily accessible from their home location.

Centers for Tourism Training and Counseling (Tourism Incubators)

Tourism incubators are a joint project of the Israeli Ministry of Tourism and nongovernment organizations such as the Jewish Agency, the World Zionist Organization and regional economic associations They operate in conjunction with the Business Development Centers and in cooperation with the regional tourism associations. There are 14 incubators located in 14 different regions each one supplying its services to entrepreneurs living or operating in its region. Services and assistance are supplied through individual counseling and training (one-on-one) or group training.

The following services and assistance are provided:

- Assessing the feasibility of a new idea or project.

- Program preparation of a new business.

- Diagnosis of an existing tourism business.

- Advising and guidance of small businesses on a one-to-one basis at varying stages of business development.

- Participation in funding of courses on the subjects of Small Business Management and Rural Tourism for the Individual Entrepreneur - in the framework of regional colleges.

- Marketing counseling on a group basis. A small group of entrepreneurs from the same area receives guidance and prepares a marketing plan with a marketing, expert.

- Villages receiving recognition as tourism villages are entitled to guidance, training and advising to help them during the transformation from agricultural to tourism villages.

Request Presentations and their Approval

Requests for assistance by small tourism businesses are forwarded through one of the 14 regional incubators to the Screening Committee. After the committee approves the request (requests can be for a new business or assistance to an existing business), it is then forwarded to the regional business development center or to the regional tourism association, depending under which umbrella the incubator is operating which will act as a clearinghouse for contract enactment and funds transference. After the initial economic analysis and program preparation, the data are transferred to the extended Screening Committee. If the project is found profitable the extended committee approves further counseling hours on a one-to-one basis for the entrepreneur during, different stages of the business.

Division of Expenses

The division of expenses are: up to 75% by the Tourism Ministry or non-governmental organization and 25% by the entrepreneur.

Additional Activities

In addition to the one-to-one advisory services, the entrepreneurs are funded and encouraged to take courses on subjects such as Small Business Management and Rural Tourism given in local colleges. These courses serve two purposes: one, improving professional skills; two, increasing the interaction and encouraging dialogue between the local entrepreneurs which can lead to regional cooperation between the different tourism businesses an essential component in tourism development.

Those villages which are composed of a large number of tourism businesses and thus recognized as tourism villages are entitled to advisory hours for the village as a whole during the different transitional phases from agriculture to tourism-based villages. **This includes physical planning, signs, determination of carrying capacity and more**.

Incubator Staffing

The operating staff of each incubator is composed of representatives from the Tourism Ministry and a representative from each of the non-government organizations, on the national and regional level involved in its operation. They form the committee required to approve requests. The actual counseling and advisory services are given by professional consultants on a project basis.

Incubators activities

From 1992 the incubators have served some 800 entrepreneurs Detailed data are available for 1994 and 1995 as seen in Tables I and 2. In 1994 and 1995, 503 projects were processed by incubators. Out of the 27,000 hours approved by the Committee 13,700 hours were used. About half of the projects (54%) used them for help in the first stages of transferring the idea into a business, including diagnosis, economic analysis and program preparation. About 37% of these project ideas materialized with the help of the incubators into existing tourism businesses. The rest of the projects were existing businesses, about one third of them needed one-to-one guidance at the different stages of the business while the rest were marketing and tourism villages projects (see Table 1). In terms of counseling hours, the majority were allocated to one-to-one counseling for businesses that had already received approval and had started to develop and operate (see Table 1).

Out of all the different tourism businesses served by incubators such as Bed and Breakfast, restaurants, commerce (small specialty stores), tours (jeeps, camels, etc.), festivals, attractions, tourism villages - the majority are the B&B projects. This substantiates the assessment that the motor for the development or rural tourism in Israel is the B&B operations. All the other activities reacted to the need created by the tourist who came to the B&B for more activities and led to the development of additional tourism operations.

Table 1: Distribution of projects and hours according to counseling field (1994+1995)

	Projects (%)	Hours and Budget (%)
Diagnosis	25	19
Economic Analysis	14	10
Program preparation	15	10
Counseling	31	48
Marketing	11	8
Other	4	5
Total	100	100
Absolute value	503 projects	13,700 hours ($ 822,000)

Table 2: Distribution of projects and hourst according to types of projects (1994+1995)

	Projects (%)	Hours and Budget (%)
B&B	36	38
Restaurants	10	8
Commerce	8	7
Tours	12	14
Festivals	10	10
Attractions	11	12
Tourism villages	3	3
Other	3	7
Total	100	100
Absolute value	503 projects	13,700 hours ($ 822,000)

Source: Meler, K., 1996

Summary and Conclusion

Rural tourism in israel started to develop in 1986, through a bottom up process which occurred when the role of agriculture as an income generator declined in the rural areas of Israel and there was a need for alternative activities. B&B and other rural tourism activities started to develop rapidly, they created a major bottleneck felt by the new entrepreneurs. This was a lack of know-how in running a small tourism business. The government reacted to the pressure from the entrepreneurs and as a result established tourism incubators. These are 14 regional counseling centers that supply the new and existing entrepreneurs with guidance and counseling during different phases of the business. The rapid development of small business in tourism (especially B&B) is continuing and has not leveled off as many had expected. The direct income received by the tourism business was dispersed through the economic multiplier to all economic activities in the peripheral regions of Israel and helped them overcome the crisis that the decline of agricultural activities had caused. The importance of the Israeli experience is that the support scheme of the government was developed in response to bottlenecks and barriers, caused by the lack of know-how at the local level. A more accurate study to estimate the precise impact of the incubators on the economy in general and the rural economy in particular is in process.

Bibliography

Albright, K.B. (1991). *Enhancing Kansas Communities through Tourism. Cooperative Extension Service*, Kansas State University, Kansas

Alberta Tourism and Small Business (1980). *Country Vacation in Alberta*, Edmonton Alberta Tourism and Small Business

Clarke,.J. (1995). *Marketing Rural Tourism Through National Structure - An Analysis of Farm Tourist Accommodation*. A paper submitted to The Joint ECA-ECE, A Symposium on Rural Tourism, Galilee, Israel.

Commission of the European Communities (1992). *Farm Household Adjustment in Western Europe 1987-1991*. Luxembourg: Office for Official Publications of the European Communities.

Council of Europe (1989). *European Campaign for the Countryside, Conclusions and Declarations*. Strasbourg

Demoi, L,.A. (1983) *Farm Tourism in Europe. Tourism Management*, 4(3), pp. 155-156.

English Tourist Board (1991). *Tourism and the Environment - Maintaining the Balance*. Report of the Countryside Working Group

Fleischer, A., Freeman, D., Keidar, F. and Horovitz, O (1994). *Visitors Survey in Rural Accommodations in Israel and their Pattern of Expenditures*, Israel Ministry of Tourism, Jerusalem.

Fleischer, A, Biran, A. and Nitzav, Y. (1994). *A Census of Rural Accommodations in Israel*, Israel Ministry of Tourism, Jerusalem

Fleischer, A, (1993) *Visitors Survey in Rural Accommodations in Israel*, Research Report, Development Study Center, Rehovot.

Fleischer, A, Rotem, A. and Banin, T, (1993). *New Directions in Recreation and Tourism Activities in the Rural Sector in Israel - Demand and Supply Factors*, Research Report. Development Study Center.

Fleischer, A., Banin, T. and Kahana, P. (1991). *Bed and Breakfast in the Galilee - Survey of the Present Situation and Estimation of its Potential*, Research Report, Development Study Center, Rehovot.

Gilberg, D and L. Tung (1990) Public organization and rural marketing planning in England and Wales. *Tourism Management*, 11(2), pp 164-172.

Johnstone, W. D., Nicholson, C. Stone, M. K and Taylor, R. E., (1990) *Country Work: A New Review of Rural Economic Training and Employment Initiatives*. Cirencester, UK; Action with Communities in Rural England (ACRE), Glasgow, UK; The Planning Exchange, pp. 92-106.

Paynter, J. (1991). *Down on the Farm,* Leisure Management, pp 34-35

Pearce, P. L.,. (1990). *Farm Tourism in New Zealand - a social situation analysis*. Annals of Tourism Research. 17(3), pp. 337-352.

Rickard, R. C. (1983). *The role of farm tourism in the less favored areas of England and Wales*. Exeter: University of Exeter - Agricultural Economics Unit, Report No. 218.

Robinson, G. M. (1990). *Conflict and Change in the Countryside*, Bellhaven Press, London New York

Steven, T, (1990) *Greener than Green*. Leisure Management, 10(9), pp. 64-66.

Thibal, S. (1988)

Rural Tourism in Europe, European Campaign for the Countryside, Study No. 2, Strasbourg.

Meler K. 1996. *Tourism Incubators Summary of 1994-1995*. Ministry of Tourism

DR. MARIANNA COLANGELO
PRÉSIDENTE, SOC. CONS. MISTA A.L.L.B.A.

Je m'appelle Marianna Colangelo, je viens d'une petite région du Sud de l'Italie : la Basilicate.

La zone dans laquelle j'habite et travaille fait partie de cette région, qui est rurale dans sa totalité.

L'aéroport le plus proche est celui de Naples, à environ 200 km - deux heures d'autoroute.

Ma région est encore actuellement très belle : elle borde la Mer Tyrrhénienne avec Maratea et sa côte ravissante. Elle comprend la montagne de Sirino, d'une hauteur de 2000 mètres, sur laquelle on peut faire du ski, puis la zone thermale de Latronico, et s'étend jusqu'au Parc national du Pollino, l'un des plus grands et séduisants d'Italie.

Tout cela existe depuis toujours; toutefois, cela n'a pas empêché les habitants de la région, d'émigrer au courant de ce siècle, en abandonnant les campagnes où la vie était vraiment très difficile.

Naturellement, l'abandon des terres a eu plusieurs conséquences négatives, tant en ce qui concerne l'environnement que la possibilité de créer de nouvelles activités.

Actuellement, le taux de chômage est de 30%, ce qui représente l'un des plus élevés d'Italie et d'Europe.

Depuis 10 ans environ, un petit groupe de personnes de la région, encouragé et soutenus par le programme communautaire LEADER, a entamé un projet intégré et unitaire de développement de l'ensemble de la région (environ 85.000 habitants repartis dans 29 communes).

La première phase a porté sur l'analyse des points forts existants (attraits naturels - environnement non pollué - ressources humaines...), ainsi que sur celle des points faibles (absence de services et de transports appropriés - manque d'information - habitude de recevoir une assistance, et résignation - méfiance et isolement des habitants, ainsi que des différentes communes).

Sur la base de cette prise de conscience préliminaire, un projet global a été élaboré qui peut être résumé comme suit:

1. créer un organisme de développement public-privé (A.L.L.B.A.) ;

2. miser sur le tourisme rural et culturel comme étant l'élément de liaison du développement des différents secteurs ;

3. identifier et mettre en valeur toutes les ressources locales (produits typiques/biens environnementaux et culturels/ressources humaines) ;

4. créer des réseaux matériels et immatériels de coopération entre tous les intéressés au développement local ;

5. améliorer les services de formation et d'information.

A partir de 1991, le projet a été financé en commun par les programmes communautaires LEADER-EUROFORM et SPEC.

Les activités suivantes ont été mises en route avec le projet LEADER :

- une enquête a été réalisée auprès de 2000 petites entreprises locales afin d'identifier les produits typiques du secteur agro-alimentaire (saucissons, fromages, miel, légumes, champignons, fruits sauvages, pain, biscuits, etc.)

- les producteurs ont été informés des normes communautaires relatives à la sécurité pour les produits de qualité, ainsi que des possibilités offertes par les règlements en vigueur pour l'obtention de financements en vue d'améliorer les procédés de culture/d'élevage et de transformation ;

- un premier catalogue de produits de qualité a été établi et sera disponible prochainement sur Internet. Ce catalogue a déjà été présenté à l'occasion d'importants salons spécialisés ;

- 7 centres agro-touristiques ont été financés, dans lesquels des produits locaux peuvent être dégustés et achetés. Ces centres offrent un hébergement rural, ainsi que des activités sportives et récréatives (piscines, tennis, chevaux) pour les touristes, ainsi que pour la population de la région ;

- des artisans locaux ont été encouragés à poursuivre ou à reprendre certaines activités traditionnelles en crise (céramique, travail du bois, du fer, du verre).

Avec les projets LEADER et EUROFORM :

- un vaste programme de formation a été réalisé, offrant la possibilité, notamment aux jeunes, d'apprendre les techniques modernes de gestion, dans le but d'entreprendre de nouvelles activités d'une façon autonome ou de collaborer avec les entreprises déjà existantes dans le domaine du tourisme, du tourisme rural, du commerce, de l'artisanat et des services

Avec la contribution du programme SPEC, il a été procédé à la mise en réseau des opérateurs de tourisme et de tourisme rural déjà opérationnels.

L'image de leurs entreprises, ainsi que leur offre de produits et de services figurent dans un tableau unique de la région qui est déjà disponible sur Internet et qui, avec le temps, sera complété et actualisé.

Le processus vient à peine de commencer et nous espérons pouvoir le poursuivre également avec la contribution des projets Leader II et Adapt, qui prévoient des initiatives additionnelles à celles mentionnées précédemment, comme, par exemple, la création d'itinéraires touristiques-culturels et la formation permanente des responsables du secteur touristique, qui devraient être formés à accueillir des touristes internationaux pendant toute l'année.

Même si les résultats ne sont pas quantifiables dans l'immédiat, nous croyons que le chemin amorcé par ces quelques pionniers produira des résultats intéressants, notamment grâce au nombre croissant d'intervenants provenant tant du secteur public que du secteur privé qui, aussi bien l'un que l'autre commencent à comprendre l'importance d'un processus de développement global et solidaire.

Nous espérons sincèrement que chez nous, comme ailleurs, les guerres, ennemies de tout bien-être, laisseront la place à la paix, à la compréhension et à la collaboration entre les hommes qui vivent sur un même territoire, tout en sachant qu'aujourd'hui "notre" territoire est le monde entier.

DISCOURS DE MME SUZANNE THIBAL
SECRETAIRE GENERAL D'EUROTER (TOURISME EN EUROPE RURALE), EN CLOTURE DU SEMINAIRE

Merci Monsieur le Président,

Evidemment, je ne vais pas faire une synthèse élaborée, je n'en ai pas eu le temps puisque, comme vous, j'ai écouté les différentes interventions.

Je vais simplement tenter de faire ressortir quelques points qui sont autant de piste de réflexion ou de travail pratique pour chacun d'entre nous suivant encore une fois l'action qu'il conduit et le cadre dans lequel il conduit cette action.

Nous avons parcouru tous ensemble depuis ce matin neuf pays. Nous avons entendu neuf histoires et c'est à vrai dire neuf aventures d'une tentative d'un nouveau développement de nos espaces ruraux par le tourisme. Cette aventure, elle est relativement récente. Nous la faisons partir du dernier grand conflit mondial et, suivant nos pays, elle est plus ou moins ancienne. Parmi les plus anciennes, c'est l'Autriche, c'est la Suisse, c'est la France ; parmi les nouvelles, c'est les Pays-Bas, c'est les îles Canaries en Espagne, c'est la Roumanie, Israël, la Basilicate en Italie et, en projet, la Turquie.

Et quelque soient la durée et le moment de commencement de cette aventure, toutes les interventions ont mis en relief le positionnement des hommes ; tout part des hommes. Et permettez-moi, à titre personnel, de préciser que lorsque j'ai entendu les réactions des populations locales de Turquie qui étaient interrogées, j'avais l'impression d'entendre l'écho des réactions des populations locales françaises il y a quarante ans. La réaction de l'homme, à travers tous nos pays, est la même quelque soit son village, et donc on sait qu'il faut du temps, mais on sait que le pari sera gagné un jour ou l'autre.

Premier point : A partir des hommes, il a été mis évidence par tous que ce développement du tourisme rural qui résultait à la fois :

- des profondes mutations du monde rural, qui obligent à la recherche d'un nouveau développement par une diversification des activités,

- de l'évolution des comportements des consommateurs touristiques à la recherche d'un nouveau style de loisir et de vacances pendant leur temps libre, et peut-être à la recherche d'eux-mêmes.

Et tout cela sur la toile de fond que dessine la prise de conscience mondiale de la fragilité des ressources naturelles et culturelles, et de la nouvelle prise en compte de critères de qualité que ce soit dans le cadre d'un service, d'une prestation, d'une relation ou d'un cadre de vie.

Deuxième point : Le tourisme, dans les régions rurales, c'est d'abord une affaire d'accueil. Nous avons vu que cet accueil, dans son expression la plus simple d'homme à homme, est l'accueil à la ferme chez l'habitant. La Suisse, l'Autriche, la Roumanie, nous ont parlé de leur organisation du logement chez l'habitant. L'Autriche nous a présenté son concept du "village vert". L'accueil touristique peut aussi être organisé au niveau d'un petit pays, comme la France l'a évoqué. Ces organisations locales expriment des solidarités locales, des communautés d'intérêt ; il a été même dit des "communautés de vie" et aussi des "communautés de destinée".

Troisième point : Il n'y a pas d'ordre hiérarchique dans cet énoncé. Le tourisme, dans les régions rurales, est une stratégie pour la création d'emploi par-delà le complément d'activités pour des emplois traditionnels. Ce problème de l'emploi a été sous-jacent à toutes les interventions. Mais deux d'entre elles, l'Espagne (les Canaries) et Israël se sont davantage appesantis sur le sujet pour nous expliquer comment ils avaient pris à bras-le-corps ce problème. Et tous deux ont fait ressortir bien sûr qu'on commence par la formation : formation initiale, mais aussi formation continue. Et en cette année 1996, qui est l'année qui met en avant le besoin d'éducation et de formation tout au long de la vie, il est bon de rappeler que cela a été dit par chacun d'entre vous.

Cette formation initiale ou continue, elle est pour les jeunes, mais elle est aussi pour l'ensemble des populations. C'est une formation occupationnelle, c'est une formation à "utilité sociale", c'est une formation à "dimension culturelle", c'est une formation "d'entreprenariat". Et derrière, des concepts nouveaux, nouveaux dans leur application au tourisme rural se font jour, on a parlé d'entreprise que ce soit Israël ou l'Espagne, et l'entreprise, il faut d'abord la créer, il faut ensuite la gérer.

Quatrième point : Le tourisme, dans les régions rurales, est une collectivités et à l'Espagne, la France expériences conduites incitation à l'implication des l'intercommunalité. Les Pays-Bas, ont relevé comment, à travers les dans ces pays, une solidarité se coordonne entre différentes communes pour des projets collectifs.

Cinquième point : Le tourisme rural, contrairement à ce que l'on pourrait penser dans une première approche un peu simpliste, un peu primaire, est en mesure de s'insérer dans des grands systèmes et des grands réseaux à portée globale touristique. J'évoque ici le système du chèque-vacances RECA présenté par la Suisse où l'ensemble des prestataires et des consommateurs du tourisme rural ont leur place. Et je peux me permettre d'ajouter que c'est également de plus en plus le cas en France.

Sixième point : Là encore, on pourrait penser que le tourisme de la ferme, le tourisme de la nature, le tourisme des "petites fleurs", le tourisme des "vaches", est bien loin des préoccupations des techniques nouvelles, des technologies nouvelles. Nous avons vu que ce n'est pas le cas. La présentation du village vert a évoqué les notions de chauffage solaire en Autriche. Nous avons vu qu'il a été fait référence aux techniques de commercialisation informatique, télématique, réseau Internet. Il y a quarante ans, qui aurait pu penser qu'un jour les petites fermes se trouveraient dans un réseau mondial Internet ? Encore une fois, rien n'est jamais condamné ni désespéré d'avance, il faut vivre au temps, il faut du temps au temps.

Septième point : Le tourisme rural, vous l'avez mis en relief, est un facteur de promotion sociale ; c'est l'amélioration de l'habitat, c'est le maintien des savoir-faire manuels par l'artisanat, c'est la production agricole, c'est l'évolution du cadre de vie locale, c'est aussi une ouverture des esprits, une évolution des mentalités, je pense là aussi à l'Espagne et à la Turquie.

Huitième point : Le tourisme rural conduit à un développement global. Ce développement global passe par des instruments et des structures mises en place. L'Espagne nous a parlé d'une agence de développement local, l'Italie dans la Basilicate d'une coopérative mise en place, la France, ce matin, du pays de Loches et de la Tourraine du sud, les Pays-Bas de la province de Drenthe, en nous faisant ressortir qu'il y avait place, malgré tous les préjugés ou les erreurs que l'on regrette du passé, il y a place pour un nouveau type de planification pour ce développement durable, dès l'instant que la planification résulte d'une rencontre, d'une concertation, d'un partenariat entre tous les pouvoirs décisionnels du plus haut au plus bas, et du plus bas au plus haut.

Neuvième point : Le tourisme rural est source de synergie par un partenariat. Ce partenariat s'exprime de plusieurs façons. On l'a évoqué, c'est la coopération secteur public-secteur privé, c'est la coopération par l'addition complémentaire des aides financières, c'est la coopération au sein d'un village, au sein d'un réseau, c'est la coopération au niveau communautaire, c'est une coopération qui peut aller du micro au macro, du macro au micro.

Dixième point à relever : Le tourisme rural favorise le maintien des savoir-faire, le travail de la main, le travail de l'homme qui utilise les matériaux, qui utilise les ressources locales. Tous l'ont plus ou moins cité.

Onzième point et dernier point : La finalité, qui a été mise en relief par toutes les interventions sur ce tourisme rural, c'est la finalité humaniste. Et je cite deux d'entre vous : la Roumanie a souhaité que l'on arrive en touriste et que l'on reparte en ami ; la Turquie a souhaité que l'on trouve un ami honnête, cet ami honnête c'est celui qui accueille et c'est celui qui est accueilli.

Merci de votre attention.

MS. SUZANNE THIBAL
SECRETARY-GENERAL OF EUROTER
(TOURISM IN RURAL EUROPE)
CLOSING PRESENTATION

Thank you Mr. Moderator,

Naturally, I am not in a position to make a detailed summing up of our Seminar. I have not had the time since, like you, I have been listening to the various presentations.

I shall therefore simply try to underline various points made which may offer food for thought or practical ideas to each one of us according to the activity being undertaken and the framework of that activity.

Together, since this morning, we have visited nine countries. We have listened to nine case studies and, truth to tell, we have heard nine adventures concerning projects for new tourism development in the countryside. These adventures are relatively recent. They began following the last world war and depending on countries are more or less recent. Among the oldest experiences are Austria, Switzerland and France; among the more recent are The Netherlands, the Canary Islands in Spain, Romania, Israel and the Basilicate region of Italy; finally, at the project stage, is Turkey.

Regardless of the length of the adventure or when it began all the presentations today have emphasized the role of people; everywhere people. And may I, from my personal experience, recall that when I heard the reactions of the local populations in Turkey when they were interviewed, I had the impression that they echoed the reactions of the local French populations forty years ago. The reaction of people in all our countries is the same wherever the village may be, and we therefore should recognize that time is necessary although we know that sooner or later the wager will be won.

First conclusion: Beginning with people, it was emphasized by all speakers that the development of rural tourism is the result of:

- the profound changes in the rural world which require new development to be pursued through diversification of activities,

- the developments in tourist-consumer behaviour, the search for a new style of leisure and holidays during free time and, perhaps, the search for identity.

All this is taking place against a background of growing worldwide awareness of the fragility of natural and cultural resources and a new interest in quality criteria whether they relate to service, facilities, relationships or lifestyle.

Second point: Tourism in rural areas is first and foremost a matter of supply. We have seen that the simplest expression of this supply in person-to-person terms is farm accommodation. Austria, Romania, Switzerland have spoken of their organization of home-stay holidays. Austria has presented its concept of "the green village". Tourism supply can also as France mentioned be organized in the countryside.

These local organizations express local solidarity and communities of interest; "communities of life" and even "communities of destiny" have even been mentioned.

Third point: (There is no hierarchical order in this list). Tourism, in rural regions, is a strategy for employment creation, not a mere supplement for traditional employment.

The problem of employment underlies all the presentations. But two presentations, Spain (Canary Islands) and Israel dwelt extensively with this topic, to explain to us how they came to terms with the problem. And both emphasized that one must begin with training: initial training but also lifelong training. In this year 1996, which is a year of emphasis on educational needs and lifelong education, it is worthwhile recalling that this subject was mentioned by all speakers.

This initial or ongoing training is aimed at young people but is also available for all layers of the population. It is occupational traininq; it is "socially useful" training; it is training with a "cultural dimension"; it is "entrepreneurial" training. And in the background new concepts, new in their application to rural tourism, are appearing. Business was mentioned both by Israel and Spain and business must of course first be created and subsequently managed.

Fourth point: Tourism, in regional areas, is a stimulus to the involvement of local authorities and to intermunicipal cooperation. The Netherlands, Spain and France have indicated how, through experiences carried out in their countries, solidarity developed between different communities for joint projects.

Fifth point: Contrary to what one might think from a simple and rather elementary standpoint, rural tourism can be included in major systems and worldwide tourism reservation networks. I have already referred to the REKA holiday-cheque system presented by Switzerland in which all suppliers and consumers of rural tourism have their place. And I should like to add that this is increasingly the case in France.

Sixth point: Once again, it can be thought that farm tourism, nature tourism, tourism of wild flowers and farm animals is far removed from the concerns of new techniques and new technologies. We have however seen that this is not the case. The presentation of "the green village" in Austria referred to solar heating. We have also heard how marketing techniques involve computer technology, telematics and Internet. Forty years ago who would have thought that little farms would be on the Worldwide Web of Internet? Once again, one should not despair of nor rule out anything in advance; one must keep up with the times, for, with time, habits change.

Seventh point: As speakers have emphasized, rural tourism is a factor of social advancement; it improves standards of living; it maintains the manual skills necessary for artisans; it harnesses agricultural production; it helps local life to evolve; it opens people's minds and changes mentalities. I think there also of Spain and of Turkey.

Eighth point: Rural tourism leads to global development. This global development involves established instruments and structures. Spain spoke about its agency for local development, Italy (Basilicate) of a cooperative that was set up, France, this morning, about the Loches area in southern Tourraine, Netherlands about the province of Drenthe by emphasizing that there was room, despite all the prejudices and errors of the past, for a new type of planning for sustainable development. Provided that planning is the result of encounter, joint effort and partnership between all decisionmakers from the highest to humblest, and from the humblest to the highest.

Ninth point: Rural tourism is a source of synergy through partnership. This partnership is expressed in various ways. It was referred to as: public- private-sector cooperation, cooperation through supplemental financial assistance, cooperation within a village, within a network, cooperation at community level or cooperation from micro to macro from macro to micro.

Tenth point: Rural tourism promotes the survival of know how, of manual skills, of the work of individuals who use materials and local resources. All speakers have emphasized this to some degree.

Eleventh and final point: The result, which was emphasized by all speakers on rural tourism, is the humanist aim. And I quote two speakers from among you: Romania who wished that one should arrive as a tourist and leave as a friend and Turkey who hoped that one would find an honest friend, that honest friend who welcomes and is welcomed in turn.

Thank you for your attention.

ANNEX

CASE STUDIES

ANTAL KATALIN
SENIOR COUNSELLOR, REPUBLIC OF HUNGARY
MINISTRY OF INDUSTRY AND TRADE, TOURISM DIVISION

THE PLACE AND ROLE OF RURAL TOURISM AS A SPECIAL TOURISM PRODUCT IN HUNGARIAN TOURISM

Since it was relaunched in Hungary in 1989, rural tourism has been developing continuously: despite occasional standstills, lags and inequalities in some areas and at some times, its development is unbroken. Perhaps no other branch of tourism has been organised in the past decade with such broad social interest - in a largely spontaneous way or has been judged so unanimously by public opinion as having a positive, many-sided social and economic impact. Following the change of regime many of the now autonomous local authorities recognised the possibility of finding a breakthrough point in rural tourism: with the participation of civil organisations, corporate bodies, business developers, educators, researchers, regional development experts, actors in state administration and, not least of all, the entrepreneurial stratum steadily increasing in size, rural tourism has now reached a stage of development where it could become a substantial factor in our tourism. If Hungarian tourism has a "shadow reserve", then it is undoubtedly rural tourism. The beauty of the still untouched countryside, our living folk culture and traditions, and the hospitality of country people could be an attraction on which we could build a considerable volume of tourism. This requires modern marketing work and a great deal of development in both the human and material spheres.

The situation and characteristics of supply.

Rural tourism, as an element in the country's tourism supply and as a "tourism product" embodies in complex form all the rural supply that a settlement (or group of settlements) is able to offer by organising the hosting capacity and various elements of attraction in the given area into a distinctive, unique product. Rural tourism is not village private accommodation and service activity since this comprises only the accommodation activity which, although an indispensable part of the supply, is not marketable in itself. (No one visits any rural settlement merely to use the accommodation.) Besides the basic tourism services, rural tourism must always include a programme offer providing various possibilities for spending the time: in other words, a special attraction on which leisure activities can be based, assuming a largely positive motivation on the part of the potential guest (that is, the desire to spend his/her holiday or weekend rest in a rural environment). This could be the demand for cultural programmes, some kind of active occupation, the desire to be close to nature, etc., through which rural tourism appears in the form of green, eco, agrarian, sports, hobby or some other tourism, depending on the attractions of the given region and on how effectively the area is able to present these in its supply and supplement them with organised programmes.

A survey conducted in 1993 found that around 900 settlements in Hungary showed an interest in receiving guests within the frame of rural tourism: these naturally include extensive areas of scattered farms. Guests were already being received - in a moderate volume - in close to 400 settlements. (This figure can now be put at close to one thousand, that is, rural hospitality at some level is now found in close to 35 % of all rural settlements.) In the absence of statistical data reporting, we have no precise figure on the bed capacity represented by rural tourism. According to the records of the corporate bodies - constantly changing in view of the situation - it can be realistically calculated that there are around 10,000-15,000 such places in Hungary today. This is around 5 % of the registered accommodation capacity in Hungary (not including private rooms).

According to the findings of the survey, the various conditions required for receiving guests exist together in around only one third of settlements. The inadequacies in hosting capacity are obviously made up for by the non-quantifiable - mainly personal - factors and natural and environmental endowments which appear as a factor in the tourism supply solely and exclusively within the frame of rural tourism.

As yet the criteria needed for appearance as a special tourism product - a uniform qualification system, distinguishing trade-mark and above all the funds required for effective and successful marketing - are lacking for successful presentation of the supply on internal or external markets. As regards the rural tourism supply it can be said that on the whole we already have a product suitable for sale on the quantitative side but there are very big qualitative differences. The supply is very heterogeneous as regards its complexity and regional appearance. As a result of the spontaneous development, the supply is at present characterised by a mosaic-like distribution. A distinguishing, individual image has not yet been shaped and there is often a lack of both suitable expertise and funds for high standard marketing activity.

Steps have been taken and are being taken to improve the situation.

This year the first invitatory publication on rural tourism was produced within the frame of national publicity. It contains a list of around a thousand names and addresses The publication presents the country by tourism region and small regions, stressing the most distinctive, local elements of the attraction It is our hope that its appearance at foreign tourism exhibitions and fairs will arouse foreign interest in our new tourism offer and that it can also provide a suitable guide for the Hungarian public. These hopes have been confirmed very positively by the experiences of tourism trade fairs held in spring 1996.

In the course of the modernisation now being carried out in the regulations applying to commercial places of accommodation, accommodation within the frame of rural tourism could also be classified, the criteria for qualification elaborated and a uniform qualification system introduced. EUROGITES, the European federation of rural tourism, has formulated only guidelines and recommendations in this respect. Taking into account these guidelines and the special Hungarian conditions, it would presumably be possible to elaborate a system of qualification which could serve as a basis over the long term for the development of rural accommodation belonging in the category of rural tourism. There is an urgent need for this because of the predominance of private development, since neither individuals nor private entrepreneurs have adequate information on the system of requirements for such developments. (In conjunction with this, the kinds of development support and their methods should be elaborated and the funds required for them should be created.)

Shaping the system of human conditions for hosting, expanding education and professional consultation and spreading the most up to date training methods (e.g. remote training) should be made a strategic goal. In this respect it is a big step forward that the qualification of "rural host" has been added to the National Training Register as a separate occupation. Young people choosing rural hospitality as a full-time occupation and persons who already have considerable experience in hosting guests can now learn rural hospitality as a separate occupation. From 1996 the home management training departments of agricultural vocational schools can now join in this education in the frame of day courses. The consultants, representatives of local authorities interested in the development of rural tourism, and members of corporate bodies can take part in organised training given in a growing number of courses, often financed in part by funds obtained through foreign grants or by direct foreign support.

Characteristics of the demand for rural tourism in Hungary

The demand for rural tourism arises from widely differing motivation: in Western Europe, the slogan "Back to the roots" was chosen as the motto for rural tourism under the aegis of the EU. This is directed at the population groups which have migrated from the country to the towns but feel a longing to return to their roots. A substantial demand can be based on this sentiment, first of all in France, but also elsewhere.

Because of the widely differing nature, demand for the supply in Hungary must be examined in separate foreign-domestic breakdown.

In the absence of market research studies, a picture of the foreign demand can be formed only from a study of hospitality that is already functioning well or from experiences gained at foreign tourism exhibitions and fairs. The demand for human contact is decisive in rural tourism and the whole service structure must be built on this. For this reason, we can count on a substantive demand principally from regions where people are able to overcome the language barrier. Experiences to date show that the German ethnic settlements enjoy an advantage in this respect: in the spirit of "back to the roots" it is relatively easy for them to find a potential clientele and market through relatives and friendly contacts. It is the foreign, mainly German clientele which seeks the quality supply and is prepared to pay for it. In view of the motivation, Denmark and Holland, where there is a great interest in living folk traditions and special sights, could also be good markets. Price is also a determining factor on the latter markets: our rural tourism is competitive in this respect with the supply of the neighbouring countries. (The same cannot be said for example regarding the prices of our hotel packages.) However, marketing materials of a suitable standard are still lacking for a more effective presence on foreign markets and there are few tourism businesses dealing with taking the product onto the market.

The motivations of domestic demand are in part similar to those of foreign demand, which means a preference for rural holidays on the part of a growing stratum of urban brain workers, or its use as one holiday possibility. However, beyond this, domestic tourism demand has also undergone a structural change, shifting it towards rural tourism.

What are these influencing factors?

The costs of operation and financing of special places of accommodation serving the purposes of social tourism and youth tourism and their auxiliary facilities have greatly increased since these were placed on a commercial basis. The inflation which has existed for years now, the negative changes in incomes, the repeated devaluations of the Forint (which also make travel abroad much more expensive) are all quite clearly channelling solvent domestic demand towards the relatively cheaper services. Holidays for children, the demand of the adult population for recreation, the desire for active rest and to form human relations - for which an opportunity now arises largely only during the annual holidays - are all increasing the demand for rural tourism. A market research study was conducted, with a relatively large sample, to assess the directions of domestic demand. It clearly shows the leading motif of domestic demand for rural tourism - as the major factor over the medium term - and its main characteristics. According to the findings, the biggest demand is for family holidays lasting 4-8 days with a lower convenience level of services. It is an interesting feature that there is a practically even distribution of demand over the whole country: settlements on the Great Plain can count on slightly less interest on the domestic level. (In the case of foreigners, the situation is precisely the opposite.) Together with the traditional tourism activities (visiting places of cultural and historical interest, etc.), the demand for rambling, getting to know folk crafts (pottery, embroidery, weaving, etc.) and to take part in work around the house (gardening, care for the animals, etc.) dominates. Only 54 % of those expressing an interest would travel in their own cars, confirming the outstanding role of public transport in domestic rural tourism. (In the period between the two world wars it was not by chance that the information offices were located at the railway stations!) Close to two-thirds of respondents would willingly take part in rural holidays with social concessions or supports and would send their children for rural holidays in an organised farm.

This demand expressed so strongly on the part of the domestic public is a very important item of information: it can be used in elaborating the new system of support, its basic principles and techniques for subsidised holidays (on a social basis), children's and youth tourism.

The greatest domestic demand can be anticipated in the case of brain workers and the middle-aged, followed by the employee category and the young adult age group. The residents of urban areas will naturally provide three-quarters of the demand.

The findings of the first market research survey on domestic demand show that good sales possibilities can be obtained by winning the domestic public. This could mean not only more steady employment and income-earning possibilities, but could also pave the way for entry into the foreign market. The main reason why most of the domestic demand remains hidden lies in the inadequacy (or in cases rather the lack) of information and the organisation of sales: in other words, in the lack of suitable marketing.

There are no statistical data available on the volume of hospitality conducted within the frame of rural tourism. The figures on guest turnover obtained from evaluation of the first and so far only investments make with individual development supports in 1992 from the Hungarian Tourist Board provide the only concrete figures: the 240 hosts who answered received close to 6400 guests in 1991-93. Calculating an average stay of 3-4 days, this means 30-40 guest days per year per host: knowing the low daily spending, the income realised is not high but no doubt represents an important supplementary income for the rural households.

Summing up:

Rural tourism does not yet represent a significant share of tourism but in the light of the demand trends and taking into account Hungary's excellent endowments in this respect, it could become an important factor and driving-force for rural social and economic advancement. However, spontaneous development must be replaced by development activity based on a policy covering both the human and material spheres. The existing supply must be transformed into an individual product and taken into the market with high standard marketing. Rural tourism could be an instrument for reducing the concentration in space and time of our tourism, for giving new impetus to domestic tourism including youth tourism, for the more efficient operation of small and medium businesses in tourism and for the emergence on a mass scale of family (micro) businesses of the kind that are really successful in Western Europe. It could involve foreign strata with special interests and motivations in demand for tourism, thereby bringing additional earnings for the economy. Its multiplier effect will be felt not only in the economy, but in a complex way in social relations, in regional and local development and in all spheres of cultural life. (The Hungarian government provides a tax concession for the development of family undertakings, up to a capacity of 10 beds, providing the host lives in the property utilised; income is tax exempt up to a limit of 300,000 HUF (approx 2000 USD) a year in places other than priority spa and resort areas.)

A certain degree of professionalism is indispensable for the steady development of rural tourism. It can and must be brought to the rural areas under the professional guidance of state and public administration, through the mediation of the trade federations, corporate bodies, chambers and not least of all, the civil organisations. In this respect, the establishment of the National Federation of Rural Tourism two years ago and its operation represents a big step forward. It functions as an umbrella organisation grouping the organisations with an interest in rural tourism and its development. (Currently there are 76 such organisations.)

In order to ensure the development of rural tourism, to assess the developments required - involving practically all ministries - and to achieve the necessary co-ordination, there is a need for the establishment and operation of an inter-ministerial co-ordination body since the complex measures required to promote the quality development of rural tourism exceed the functions and competence of any single ministry. We are at present working on a recommendation in this matter.

JUDR. JIRÍ CECH
DIRECTOR, TOURISM DEPARTMENT

RURAL TOURISM IN THE CZECH REPUBLIC

Central and Eastern European countries have joined the "EUROPE 2000" range of medium-term programmes of 1994, which consists of initiatives aimed at revitalizing the country landscape in Europe.

The Czech Republic has also joined the global programme to expand the offer of rural tourism products in the Central European touristic market. The revitalization programme allows the utilization of valuable cultural and natural assets, traditions and folklore in the framework of a new trend - the development of rural tourism and agro-tourism.

The disintegration of large state-owned farms and the agricultural transformation in the Czech Republic have resulted in a niche being created for the development of business activities that have to be competitive and be able to offer attractive opportunities for potential customers. The entrepreneurs who have just started to run tourism-oriented agricultural farms are assisted and guided by the Association of Agricultural Tourism of the Czech Republic.

No less important are small- and medium-sized enterprise support programmes aimed at agro-tourism, which are sponsored by the government or different ministries, as well as the Czech Support Guarantee Forestry and Agriculture Fund. Experience and know-how from abroad are disseminated through the PHARE Programme or the National Education Fund, which participates in training managerial personnel for the development of rural tourism at the municipal and regional levels. The cornerstones of the state- and EU-supported training and educational courses are through knowledge of clients' requirements, ability to present an attractive image of the country life, and acquisition of professional expertise needed to run agro-tourism operations.

Thus. the Czech Republic can offer new rural tourism and agro-tourism products even now, such as stays at farms and country homesteads in districts and regions attractive for Western Europeans, which participate in the GREENWAYS programme, successfully applied also in the United States. There are new organizations and business associations popping up, which join well-proven European routes and programmes comprising elements emphasizing environmentally stable regions and which offer a number of touristic attractions and opportunities to visit historical monuments and towns on the UNESCO list (Telc, Praha, Cesky, Krumlov. Kutná Hora, Zdár nad Sázavou, etc.).

The developing cooperation among regions in Europe in the sphere of rural tourism is also reflected in joint projects implemented together with neighbouring countries, the Federal Republic of Germany and Austria, in the framework of the PHARE CROCO programme. These are represented, above all, by capital investment projects in support of technical infrastructure, which provide prerequisites for travel and tourism enterprise in general and agro-tourism business in particular

The trends outlined above are beneficial not just for the regional cooperation, but also for the coordination of projects between EU countries and Eastern European countries.

We anticipate that the development of professional and regional contacts in the sphere of rural tourism will contribute to a better knowledge of the European nations identities, as well as help compensate adverse effects of the varying economic transformation speed in different countries (in particular by stabilizing the rural population).